KB139769

데이터
분석으로
배우는

파이썬
문제
해결

데이터 분석으로 배우는 배우는

파이썬

PROBLEM SOLVING

문제 해결

최의용 지음

부동산 데이터 분석부터 AWS 아키텍처 구축, 대시보드 제작까지

서문

데이터 과학에 대한 파이썬 기술서의 분야는 기초, 응용, 머신러닝, 딥러닝 등으로 구분할 수 있다. 특히 파이썬에 대한 기초적인 부분은 도서뿐만 아니라 블로그나 강의 등을 통해서도 쉽게 습득할 수 있다. 하지만 이에 대한 응용에 대해서는 직접적으로 습득할 방도가 턱없이 부족하다. 이에 따라 캐글, 데이콘 등 데이터 분석 대회를 통해 경험을 쌓으려고 해도 이 두 대회의 난도는 점점 높아지고 있으며 이를 모르는 사람들 또한 여전히 많을 것이다. 따라서 파이썬의 기초는 이미 알고 있으나 어떻게 응용해야 할지 모르는 분들을 위해 도서를 집필하였다.

이 책에서는 파이썬 응용 분야의 학습을 돕고자 공공 데이터 중 부동산 데이터를 선정했는데, 그 이유는 다음과 같다. 2020년의 주요 키워드는 상반기에는 코로나, 하반기에는 주식이었다. 따라서 데이터 분석 대회 커뮤니티도 코로나와 주식에 관한 글로 꽉 차 있었다. 그렇다면 2021년의 키워드는 무엇이었을까? 2021년 1월에 주가가 조정되어 이미 안정세에 접어들었고 대중의 흥미에서 점점 멀어지게 되었다. 그러나 주가가 안정되었음에도 2023년 현재까지 부동산에 대한 관심은 멈추지 않고 있다.

이처럼 부동산 정보에 대한 수요는 여전하고 니즈에 따라 관련된 애플리케이션은 쏟아지고 있지만, 공부할 수 있는 도서가 부족해 당장 개발해 보고 싶어도 할 수가 없는 실정이다. 따라서 이 책을 통해 부동산 공공 데이터를 활용한 대시보드를 어떻게 구축할 수 있는지 자세하게 안내하려고 한다. 대부분의 상용화된 애플리케이션 역시 공공 데이터 API를 사용하여 서비스하고 있기 때문에 파이썬을 이용한 공공 데이터 활용에 관심이 있는 사람이라면 큰 도움이 될 것이다.

지은이 소개

최의용

연세대학교 원주 수학과 학사 및 석사 졸업 이후 데이터 분석 분야에서 일을 시작했다. 소프트웨어 기획 및 데이터 분석 업무를 전문적으로 수행하면서 데이터의 힘과 파급력을 깨달아 이를 통해 비즈니스 문제 해결과 의사 결정에 기여했다. 삼정 KPMG에서 금융, 재무, 회계 데이터 분석 및 데이터 엔지니어링 경력을 쌓았고 현재는 엑셈 EXEM의 데이터 사이언스팀에서 데이터 분석을 수행하고 있다. 파이썬을 활용한 문제 해결에 큰 관심이 있고 이를 2017년부터 기술 블로그에 연재하며 데이터 분석 분야에서 꾸준히 전문성을 쌓아가고 있다.

목차

Part 1 분석 전 준비 과정

Part 2 파이썬을 사용한 데이터 처리

PART 1

분석 전 준비 과정

AWS EC2 환경 구축

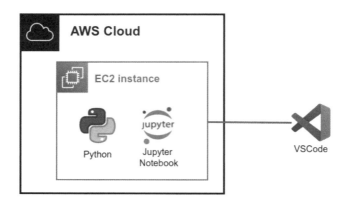

이 책을 관통하는 주제는 바로 클라우드 환경에서의 공공 데이터 엔지니어링입니다. 그리고 최종 데이터를 활용한 대시보드 구축까지 살펴볼 예정입니다. 따라서 가장 먼저 클라우드 환경에서 파이썬 작업을 하기 위해 환경을 구축하도록 하겠습니다.

EC2는 Elastic Compute Cloud의 약자로 아마존 웹 서비스(Amazon Web Services, AWS)에서 제공하는 컴퓨팅 서비스입니다. 클라우드 컴퓨팅은 IT 리소스를 인터넷을 통해 온디맨드로 제공하고 사용한 만큼만 비용을 지불하도록 하는 것을 의미합니다. 물리적으로 서버를 사용하는 것보다 탄력적으로 사용할 수 있다는 장점이 있습니다.

지금부터 EC2 구축을 진행하도록 하겠습니다. 최대한 자세하게 사진을 첨부하였으니 하나씩 따라 해 봅시다. 먼저, 다음 AWS 페이지에서 회원가입을 진행합니다.

⬤ AWS
aws.amazon.com/ko

1.1 EC2 생성

회원가입 이후에는 신용카드를 등록하여 준비를 마무리합니다. 그리고 EC2를 검색한 후 [EC2] 메뉴를 클릭합니다.

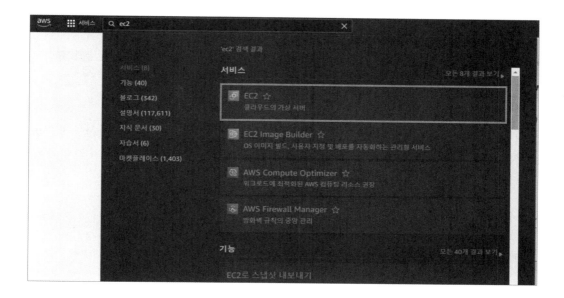

이제 새로운 인스턴스를 만들겠습니다. [인스턴스] 메뉴에서 <인스턴스 시작> 버튼을 클릭합니다.

다음은 AMI를 선택하는 화면입니다. AMI는 Amazon Machine Image의 약자로 소프트웨어 구성이 기재된 템플릿입니다.

이제 인스턴스 유형을 선택하겠습니다. EC2는 서버를 사용한 만큼 비용을 지불하는데 이곳에서는 t2.large를 사용하겠습니다. 비용은 1시간당 0.1152 USD가 청구됩니다. 각 유형의 요금은 다음 페이지에서 확인할 수 있습니다.

○ 아마존 EC2 온디맨드 요금
aws.amazon.com/ko/ec2/pricing/on-demand

t2.large를 선택한 후 <다음: 인스턴스 세부 정보 구성> 버튼을 클릭합니다.

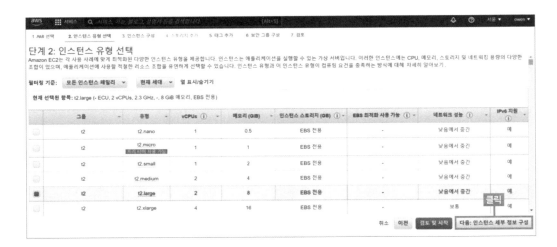

다음은 인스턴스의 세부 정보를 구성하는 화면입니다. EC2에서 제공하는 기본값으로 그대로 두고 바로 <다음: 스토리지 추가>를 클릭합니다.

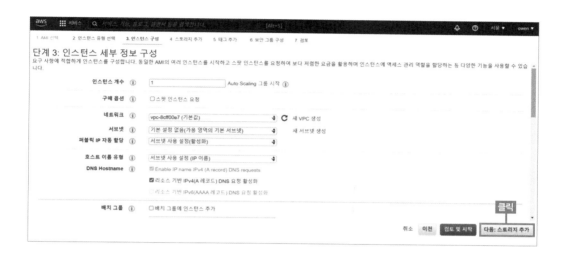

그리고 저장 공간을 의미하는 스토리지를 설정합니다. EC2에서는 무료로 기본 30GB의 스토리지를 제공합니다. 그러나 이를 넘기면 추가로 요금이 부과되기도 하므로 24GB로 설정하고 넘어가도록 하겠습니다. 후에 저장 공간은 AWS S3, RDS를 통해 더 자세히 알아보겠습니다.

이번에는 태그를 설정하겠습니다. AWS 서비스를 진행할 경우 여러 개의 인스턴스를 사용하게 되는데, 후에 이를 쉽게 구분하기 위해 태그를 지정합니다.

여기에서는 키는 group, 값은 server로 설정하겠습니다.

보안 그룹을 구성하도록 하겠습니다. 우선 보안 그룹 이름을 정하도록 하겠습니다. 보안 그룹 이름을 잘 정리해 두면, 후에 새로운 서버에서 재사용할 때 쉽게 구분할 수 있습니다.

포트 범위에는 주피터 노트북(jupyter notebook)의 포트인 8888을 작성합니다. 그리고 소스를 위치 무관으로 설정합니다. 해당 설정으로 어디서든 주피터에 접속이 가능한 장점이 있지만, 동시에 단점으로 작용할 수 있습니다. <검토 및 시작> 버튼을 클릭하면 키 페어 생성 화면으로 넘어갑니다.

키 페어는 EC2 서버에 접속할 일종의 열쇠입니다. 우선 RSA 유형의 새 키 페어를 생성하기 위해 키 페어 이름을 작성합니다. 그리고 <키 페어 다운로드> 버튼을 클릭합니다. 키 페어의 확장자는 pem입니다. <인스턴스 시작> 버튼을 클릭하면 새로운 서버가 생성됩니다. 서버 생성 시에는 5~10분의 시간이 소요됩니다.

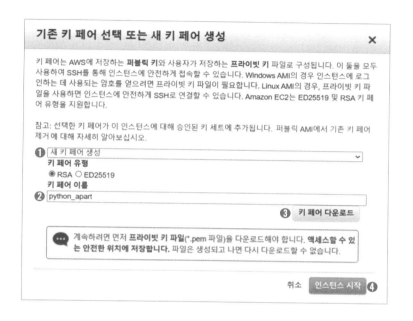

서버가 생성되었으니, 다시 인스턴스 화면으로 넘어가겠습니다. 우선 서버의 이름을 지어 주겠습니다. Name 칼럼의 버튼을 클릭하여 이름을 python_apart로 지정합니다.

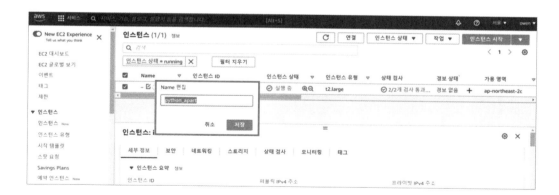

1.2 탄력적 IP 연결

이제 탄력적 IP에 대해 알아보도록 하겠습니다. 탄력적 IP를 설정하지 않으면, 서버를 다시 시작할 때마다 EC2가 새로운 IP를 갖게 되어 번거로울 수 있습니다. [네트워크 및 보안] → [탄력적 IP] 메뉴를 선택한 후 화면 오른쪽 위에 있는 <탄력적 IP 주소 할당> 버튼을 클릭합니다.

탄력적 IP 주소 할당 화면으로 넘어가면 태그를 설정합니다. 키 이름은 group으로, 값은 server로 지정하고 <할당> 버튼을 클릭합니다.

그리고 탄력적 IP 주소의 이름을 부여합니다. Name 칼럼에 python_apart라고 적습니다.

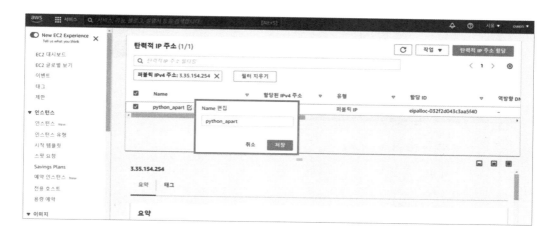

이제 탄력적 IP를 EC2에 연결하겠습니다. 탄력적 IP 링크를 클릭합니다.

이제 <탄력적 IP 주소 연결> 버튼을 클릭합니다.

그리고 다음 화면에서 탄력적 IP에 생성했던 EC2를 부여합니다. EC2에 python_apart라는 이름을 붙였으니 쉽게 찾을 수 있습니다. 이후 <연결> 버튼을 클릭합니다.

이제 다음과 같이 3.35.154.254의 IP가 연결된 것을 확인할 수 있습니다.

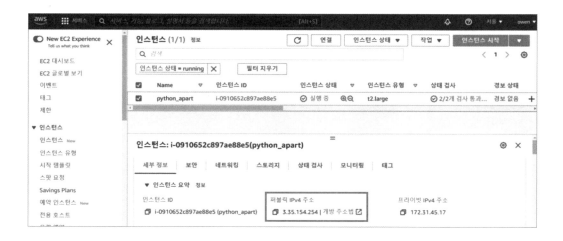

EC2는 앞서 설명했듯, 사용하는 만큼 요금이 부과됩니다. 사용하지 않을 때는 해당 인스턴스를 마우스 오른쪽 클릭한 후 [인스턴스 중지] 메뉴를 선택하면 됩니다. 이후 다시 시작할 때 [인스턴스 시작] 메뉴로 다시 시작합니다. 여기서 중요한 점은 실수로 [인스턴스 종료] 메뉴를 클릭할 경우 서버가 아예 삭제되니 주의해야 합니다.

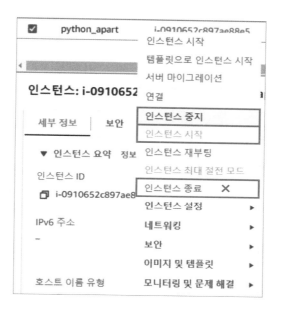

1.3 ssh 연결

이제 생성된 EC2를 연결해 보겠습니다. 대표적인 운영체제로는 마이크로소프트 윈도우와 맥OS(macOS)가 있습니다. 각 방법이 달라 따로 나누어서 연결해 보겠습니다. 우선 윈도우부터 진행하겠습니다. ssh에 연결하는 방법은 여러 가지가 있는데, 모바엑스텀(MobaXterm)을 사용하겠습니다. 모바엑스텀을 다운로드하는 페이지는 다음과 같습니다. 이곳에서 installer edition으로 다운로드하고 시작하겠습니다.

● 모바엑스텀
mobaxterm.mobatek.net/download-home-edition.html

▶ 윈도우

모바엑스텀의 [SSH] 탭을 선택하면 나타나는 화면에 다음 정보를 입력합니다.

Remote host	탄력적 IP
Specify username	ubuntu
Use private key	다운로드한 키 페어(python_apart.pem)

그리고 <OK> 버튼을 클릭하면 AWS EC2에 접속됩니다.

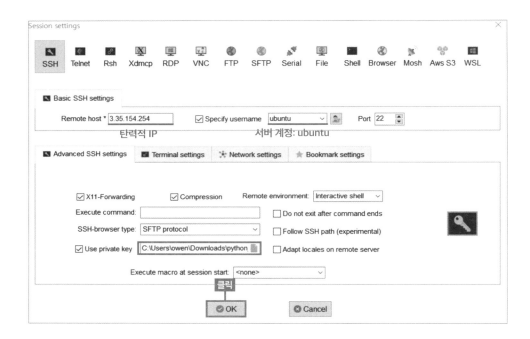

▶ 맥OS

이번엔 맥OS에서 EC2에 연결해 보도록 하겠습니다. 터미널에서 다음 명령어를 입력하면 연결이 진행됩니다. 기본 형식은 다음과 같습니다.

```
$ chmod 600 다운로드한 키 페어
$ ssh -i (다운로드한 키 페어) (ubuntu@탄력적 IP)
```

우선 터미널을 열어 줍니다. 중요한 점은 python_apart.pem의 경로를 정확히 입력해야 한다는 것입니다.

```
$ chmod 600 python_apart.pem
$ ssh -i python_apart.pem ubuntu@3.35.154.254
```

이렇게 AWS EC2를 구축하고 윈도우와 맥OS에서 연결해 보았습니다.

1.4 간단한 리눅스 명령어 알아보기

이제 EC2에서 간단한 리눅스 명령어를 알아보도록 하겠습니다. 이미 리눅스 명령어에 대해 알고 있는 분도 있겠지만 대부분 윈도우에 익숙할 것입니다. 뿐만 아니라 리눅스를 생각해 보면 검은 화면에 흰색 글씨만 떠올라 지레 겁을 먹고 시간이 흐른 뒤에도 공부하지 않게 되는 경우가 종종 있습니다. 하지만 한 번 꼼꼼하게 익혀 두면, 자연스레 익숙해질 테니 중요한 명령어를 하나씩 살펴보도록 하겠습니다.

우선 다음의 기호를 먼저 보도록 하겠습니다. 어디서든 리눅스 명령어는 파운드 기호(#) 또는 달러 기호($)와 함께 보게 될 것입니다.

- 파운드 기호(#): 관리자의 계정(root 계정)
- 달러 기호($): 관리자의 계정이 아닌 일반 계정

다음의 예시를 한 번 보도록 하겠습니다. 우선 관리자의 계정으로 넘어가 보도록 하겠습니다. Switch User 또는 Substitute User의 약자인 su 명령어는 계정을 변경하는 명령어입니다. 아무것도 입력하지 않을 시 기본적으로 관리자 권한으로 변경됩니다. su 또는 su root를 입력합니다.

```
$ su
root@ip-***-**-**-**:/home/ubuntu#
```

root 계정으로 전환하면 계정 정보 끝에 #가 나타납니다. 이제 다시 ubuntu 계정으로 전환합니다. $ su - ubuntu 명령어를 입력합니다.

```
$ su - ubuntu
ubuntu@ip-***-**-**-**$
```

일반 계정으로 전환하면 계정 정보 끝에 $가 나타납니다. 물론 대부분의 실습이 일반 계정에서 진행되겠지만 root 계정과 ubuntu 계정의 구분을 모두 살펴보았습니다.

이번에는 자주 쓰는 명령어를 알아보도록 하겠습니다.

- pwd: Print working directory의 약자로 현재 경로를 출력합니다. 현재 터미널의 작업 중인 디렉토리를 출력하는 데 쓰입니다. 참고로 윈도우에서 익숙하게 사용하는 폴더라는 단어는 리눅스에서 쓰지 않습니다. 디렉토리라는 표현을 사용합니다.

- ls: List라는 뜻으로, 현재 경로의 파일 리스트를 확인합니다.

- ll: List all이라는 의미로, 현재 경로의 파일을 모두 확인합니다. ls -al 또한 같은 뜻이며, 대부분의 리눅스에서는 이렇게 단축키 형태로 표현합니다.

- cd: Change directory의 약자입니다. 윈도우로 치면 폴더 이동의 개념이라고 볼 수 있습니다. cd를 통해 여러 경로로 이동할 수 있습니다.
  - cd .: 현재 경로로 이동
  - cd ..: 상위 경로로 이동
  - cd /home/ubuntu/test : /home/ubuntu/test 경로로 이동

- mkdir: Make directory의 약자로, 디렉토리를 생성합니다.
  - mkdir test: test라는 디렉토리를 생성하라는 뜻

- touch: 빈 파일을 생성하거나 최종 수정 시간을 변경할 때 사용하는 명령어입니다.
  - touch test.py: test.py를 생성하라는 뜻

- rm: Remove라는 뜻으로, 파일을 삭제하는 명령어입니다. 보통 rm 명령어는 -rf 옵션과 함께 사용합니다.
  - -r: recursive의 약자로, 하위 디렉토리를 포함하여 모든 내용을 삭제합니다.

- – -f: force의 약자로, 강제로 파일이나 디렉토리를 삭제하고, 삭제할 대상이 없으면 메시지를 출력하지 않습니다.
- history: 그동안 입력한 명령어 내역을 확인할 수 있습니다.

▶ vi 편집기

리눅스에서 vi 편집기에 대해 알아보도록 하겠습니다. 윈도우가 익숙하다면 파이썬 파일이든 메모장이든 내용 수정 후 저장할 때 [저장] 메뉴 또는 저장 여부를 묻는 팝업창에 응하는 아주 편한 방식에 익숙해져 있습니다. 리눅스의 전신은 유닉스로 마우스라는 개념이 없었던 시절에 탄생한 운영체제입니다. 마우스 없이 파일을 편집해야 하니 단축키를 알고 있어야 합니다.

- vi: 기본적으로 vi 명령어로 시작합니다.

  vi 파일명: 파일명에 해당하는 파일을 편집합니다.
- a: INSERT 모드로 전환됩니다. 파일 수정에 사용되며 수정 가능한 상태를 의미합니다. vi 명령어로 파일 수정에 들어간 상태에서 a를 입력하면 왼쪽 하단에 –INSERT– 라고 표시되는 것을 확인할 수 있습니다.
- <Esc> + <Shift> + <;> : 파일 수정을 종료할 때 사용합니다. 왼쪽 하단에 ':' 표시가 나타나는데, 이는 옵션에 따라 저장하고 나갈지 그냥 나갈지 여부를 묻는 표시입니다.
  - – wq: Write quit의 약자입니다. 저장하고 나가기 옵션입니다.
  - – q!: 변경된 내용이 있어도 저장하지 않고 종료하는 옵션입니다.

▶ 실습

현재 경로에 test 디렉토리를 생성하고, test 디렉토리 안에 python_test.py라는 파이썬 파일을 생성하라. python_test.py 파일에는 print("Hello World") 코드를 작성한 후 저장한다.

```
$ mkdir test                # test 디렉토리 생성
$ cd test/                  # test 디렉토리로 이동
$ touch python_test.py      # python_test.py 파일 생성
$ vi python_test.py         # python_test.py 파일 수정
```

python_test.py를 실행했을 때 성공적으로 'Hello World'가 출력되면 test 디렉토리와
python_test.py를 제거하라.

```
$ python3 python_test.py    # python_test.py 실행
$ pwd                       # 파일이 성공적으로 실행되면, 현재 경로를 확인합니다.
$ ll                        # /home/ubuntu/test 경로의 파일 정보를 얻습니다.
$ cd ..                     # /home/ubuntu/test의 상위 경로로 이동
$ pwd                       # 현재 경로 확인
$ rm -rf test/              # test 디렉토리 제거
```

이렇게 간단히 리눅스에 대해 파악해 보았습니다. 이제부터는 EC2의 서버를 설정해 보도록
하겠습니다.

1.5 서버 설정

아나콘다를 설치하게 될 텐데 그전에 root 계정과 ubuntu 계정에 대해 비밀번호를 생성하
겠습니다. 우선 root 계정의 비밀번호부터 세팅하겠습니다.

$ sudo passwd root를 입력한 후 New Password:에서 비밀번호를 입력해도 커서가 움직이
지 않습니다. 이때 당황하지 말고 원하는 비밀번호를 끝까지 입력합니다.

- sudo: Super User Do의 약자입니다. Super User는 관리자 권한(root)을 의미합니다.
  따라서, 관리자가 아니더라도 관리자의 권한을 빌려 실행한다는 뜻입니다.

```
$ sudo passwd root
New password:
Retype new password:
passwd password update successfully
```

이렇게 root의 비밀번호를 설정했으면 ubuntu 계정에도 비밀번호를 부여하겠습니다.
ubuntu 계정의 비밀번호를 생성하고자 우선 root 계정으로 전환합니다. 다음의 명령어를 입
력하고 root 계정의 비밀번호를 입력합니다.

```
$ su
Password:
root@ip-***-**-**-**:/home/ubuntu#
```

제대로 입력을 완료했다면 계정의 맨 앞에 root가 보입니다. 이제 다음의 명령어를 통해
ubuntu 계정에 사용할 비밀번호를 입력합니다.

```
# passwd ubuntu
New password:
Retype new password:
passwd password update successfully
```

ubuntu 계정 역시 비밀번호를 설정했습니다. 이제 다시 ubuntu 계정으로 전환하겠습니다.
다음의 명령어를 입력해 줍니다.

```
# su - ubuntu
ubuntu@ip-***-**-**-*:~$
```

이렇게 root와 ubuntu의 계정 비밀번호를 설정했습니다. EC2를 구축했으면 이제 다음 코드
를 통해 기본 세팅을 먼저 진행하겠습니다.

```
$ sudo apt update
$ sudo apt upgrade
```

1.6 아나콘다 설치

이렇게 기본 패키지를 업데이트했으면 아나콘다를 다운로드합니다. 아나콘다 버전별 정보는
다음 페이지에서 확인할 수 있습니다.

● 아나콘다 버전별 정보
repo.anaconda.com/archive

여기에서는 Anaconda3-2021.11-Linux-x86_64.sh를 다운로드하겠습니다. 2021년 11월 17일 버전으로 최신 버전입니다. 해당 링크를 마우스 오른쪽 클릭한 후 [링크 주소 복사]를 선택합니다.

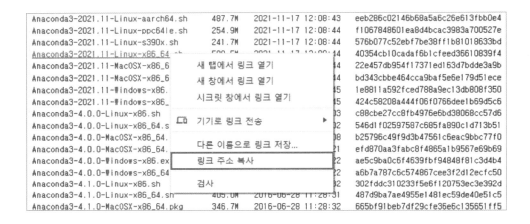

그리고 다음 명령어를 통해 설치를 진행합니다. wget으로 설치 파일을 다운로드하고 bash를 통해 설치를 진행하겠습니다. 복사한 링크는 <Ctrl> + <v>가 아니라 마우스 오른쪽 클릭으로 붙여넣기 합니다.

- wget: Web Get의 약자입니다. 웹상의 파일을 다운로드할 때 사용하는 명령어 중 하나입니다.
- bash: 확장자가 sh인 파일을 실행하는 명령어입니다.

```
$ wget https://repo.anaconda.com/archive/Anaconda3-2021.11-Linux-x86_64.sh
$ bash Anaconda3-2021.11-Linux-x86_64.sh
```

설치 진행 도중 다음 안내가 나타나면 'yes'를 입력합니다.

```
Please answer 'yes' or 'no':'
```

이제 아나콘다의 환경 설정을 진행하겠습니다. 다음 명령어를 입력합니다.

```
$ vi ~/.bashrc
```

vi 편집기로 들어간 후 <a> 키를 눌러 삽입 모드로 진입합니다. 그리고 제일 하단으로 내려가서 다음 변수를 입력합니다.

```
export PATH=/home/ubuntu/anaconda3/bin:$PATH
```

이후 <Esc> + <Shift> + <;> 키를 눌러 INSERT 모드로 변경한 후 wq(write quit)를 입력해 나가줍니다.

```
# Alias definitions.
# You may want to put all your additions into a separate file like
# ~/.bash_aliases, instead of adding them here directly.
# See /usr/share/doc/bash-doc/examples in the bash-doc package.

if [ -f ~/.bash_aliases ]; then
    . ~/.bash_aliases
fi

# enable programmable completion features (you don't need to enable
# this, if it's already enabled in /etc/bash.bashrc and /etc/profile
# sources /etc/bash.bashrc).
if ! shopt -oq posix; then
  if [ -f /usr/share/bash-completion/bash_completion ]; then
    . /usr/share/bash-completion/bash_completion
  elif [ -f /etc/bash_completion ]; then
    . /etc/bash_completion
  fi
fi

export PATH=/home/ubuntu/anaconda3/bin:$PATH
~
:wq
```

이제 변경한 환경 변수를 실행하도록 하겠습니다. 다음 명령어를 입력합니다.

```
$ source ~/.bashrc
```

다음 명령어를 통해 아나콘다가 잘 설치되었는지 버전을 확인해 보겠습니다. 아나콘다의 버전이 잘 출력된다면 성공적으로 설치된 것입니다.

```
$ conda --version
conda 4.10.3
```

콘다 설치를 완료했으니 주피터 실행을 확인해 보겠습니다. 우선 주피터 비밀번호를 설정해 보겠습니다. ipython을 입력해 ipython으로 넘어갑니다.

```
$ ipython
```

이후 다음과 같이 입력한 후 비밀번호를 설정합니다. passwd()를 통해 비밀번호를 두 번 입력하면 최종적으로 비밀번호 키를 얻게 됩니다. 이를 잘 저장해 둡니다. 마지막으로 exit를 통해 다시 빠져나가 줍니다.

```
In [1]: from notebook.auth import passwd

In [2]: passwd()
Enter password:
Verify password:
Out[2]: 'sha1:1859b5955d7a:6a91f9a9dfdgh5ca457e2850d0d71f99'
In [3]: exit
```

이번엔 주피터 파일 설정을 해 보도록 하겠습니다. 다음 명령어를 입력하고 vi 편집기로 넘어가겠습니다.

```
$ jupyter notebook --generate-config
$ vi ~/.jupyter/jupyter_notebook_config.py
```

<a> 키를 눌러 삽입 모드로 진입합니다. 이후 다음 코드를 추가합니다. 이때 c.NotebookApp.
password 부분에 주피터 비밀번호 설정 시 얻은 비밀번호 키를 입력합니다.

```
c.NotebookApp.allow_root = True
c.NotebookApp.ip = '0.0.0.0'
c.NotebookApp.notebook_dir = '/home/ubuntu'
c.NotebookApp.password = 'sha1:1859b5955d7a:6a91f9a9dfdgh5ca457e2850d0d71f99'
```

이후 <Esc> + <Shift> + <;> 키를 누른 후 wq 옵션으로 저장하고 나갑니다. 이후에 jupyter
notebook 명령어로 주피터를 실행하면 됩니다.

```
jupyter notebook
```

이를 확인하려면 인터넷 주소 입력창에 탄력적 IP인 8888을 활용해 다음과 같이 입력합니다. 이렇게 주피터를 성공적으로 실행했습니다.

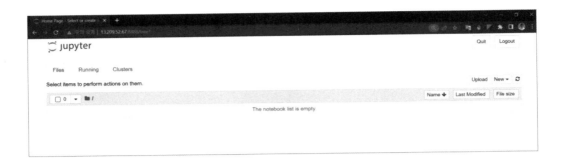

아나콘다를 설치하여 주피터가 성공적으로 실행됐지만, EC2를 새로 켤 때마다 주피터 노트북을 실행해야 하는 번거로움이 있습니다. 이번에는 EC2가 부팅할 때마다 자동으로 주피터 노트북이 실행되도록 서비스를 등록하겠습니다. 먼저 주피터 노트북이 위치한 경로를 찾습니다.

```
$ which jupyter notebook
/home/ubuntu/anaconda3/bin/jupyter
```

그리고 다음과 같이 서비스 파일을 생성합니다.

```
$ sudo vi /etc/systemd/system/jupyter.service
```

<a> 키를 눌러 삽입 모드로 진입한 후 다음 코드를 추가합니다.

```
[Unit]
Description=Jupyter Notebook Server

[Service]
Type= Jupyter_notebook_service
PIDFile=/run/jupyter.pid
User= ubuntu
ExecStart=/home/ubuntu/anaconda3/bin/jupyter-notebook
WorkingDirectory=/home/ubuntu/

[Install]
WantedBy=multi-user.target
```

이후 <Esc> + <Shift> + <;> 키를 누른 후 wq 옵션으로 저장하고 나갑니다. 이제 만들어 놓은 jupyter.service 파일에 대해 서비스를 등록하고 실행해 보도록 하겠습니다. 서비스 등록은 다음과 같습니다.

```
$ sudo systemctl enable jupyter.service
```

서비스를 등록했으니 이번에는 등록된 서비스를 실행해 보도록 하겠습니다. 다음 명령어를 입력합니다.

```
$ sudo systemctl start jupyter
```

다음과 같이 서비스의 상태를 확인할 수도 있습니다.

```
$ sudo systemctl status jupyter
● jupyter.service - Jupyter Notebook Server
    Loaded: loaded (/etc/systemd/system/jupyter.service; enabled; vendor preset:
enabled)
    Active: active (running) since Sun 2022-11-05 14:04:10 KST; 2h 41min ago
  Main PID: 468 (jupyter-noteboo)
    Tasks: 15 (limit: 9520)
    Memory: 203.4M
```

이렇게 초록색으로 active (running) 표시가 나타나면 주피터 노트북에 대한 서비스 등록이 완료된 상태입니다. 이제 EC2를 시작하면 주피터 노트북이 자동으로 실행됩니다.

CHAPTER

VSCode 연동

02

이제 생성된 EC2와 VSCode를 연결해 보겠습니다. 이번에도 윈도우와 맥OS, 이렇게 두 가지 환경으로 나누어 알아보도록 하겠습니다. 특히 윈도우의 경우 VSCode와 연동하는 과정이 매우 까다로우니 천천히 따라 해 봅니다.

우선 VSCode를 다운로드해야 합니다. VSCode를 다운로드하는 페이지는 다음과 같습니다.

> **VSCode**
> code.visualstudio.com

먼저 윈도우에서 VSCode와 EC2를 연동하여 개발 환경을 만들도록 하겠습니다. 맥OS의 경우 ssh 연결 시 이미 권한을 맞췄으니 상관없지만, 윈도우 환경에서는 PEM 키에 대한 권한 설정을 따로 해야 합니다.

2.1 윈도우 PEM 키 권한 설정

우선 C:\Users\사용자\.ssh 경로에 PEM 파일을 이동시킵니다. EC2 생성 시 다운로드한 python_apart.pem을 사용합니다.

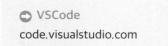

	내 PC › 로컬 디스크 (C:) › 사용자 › USER › .ssh			∨	↺	🔍	.ssl
이름		수정한 날짜	유형			크기	
config		2022-10-26 오후 9:52	파일			1KB	
python_apart.pem		2022-03-16 오후 7:21	PEM 파일			2KB	

PEM 키의 권한을 설정합니다. 먼저, 마우스 오른쪽 클릭 후 [속성] 메뉴를 클릭합니다.

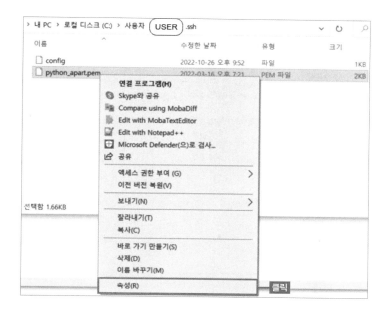

[보안] 탭 하단의 <고급> 버튼을 클릭합니다.

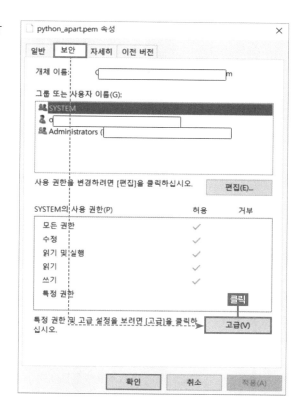

다음 화면에서 <상속 사용 안 함> 버튼을 클릭합니다.

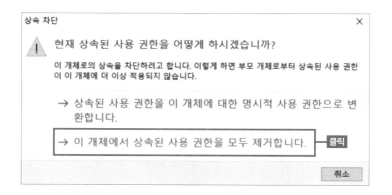

그리고 '이 개체에서 상속된 사용 권한을 모두 제거합니다.'를 클릭합니다.

이제 사용자의 권한을 추가하겠습니다. 왼쪽 하단의 <추가> 버튼을 클릭합니다.

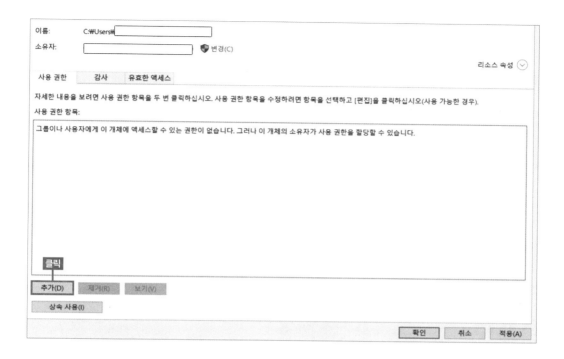

'보안 주체 선택'을 클릭합니다.

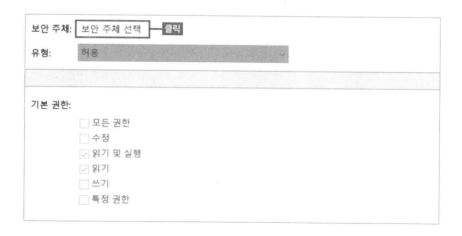

사용자 또는 그룹 선택 창에서 사용자 이름을 입력하고 <이름 확인> 버튼을 클릭하면 사용자의 전체 이름이 표시됩니다. 사용자 이름은 윈도우 로그인이나 C:\사용자 폴더에서 확인할 수 있습니다. <확인> 버튼을 클릭하여 넘어갑니다.

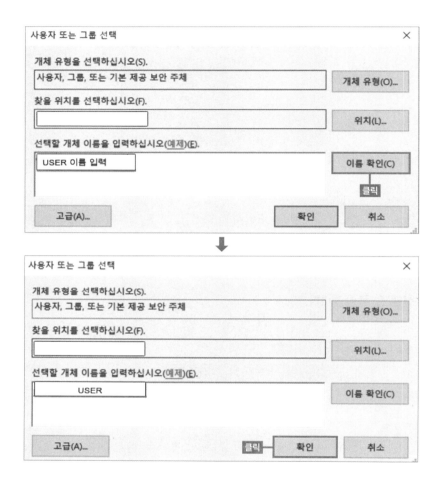

이제 사용자의 권한을 새로 설정하겠습니다. [읽기 및 실행], [읽기]를 선택하고 <확인> 버튼을 클릭합니다. 이렇게 윈도우에서 python_apart.pem의 권한을 모두 설정했습니다. 이제 VSCode와 연동해 보도록 하겠습니다.

2.2 VSCode 연동

VSCode에서 EC2를 연동하려면 PEM 키의 권한을 설정해야 합니다. 이 작업이 모두 마무리되었으니 이제 VSCode와 연동해 봅시다.

우선 VSCode를 실행합니다. 그다음, 좌측의 <Extensions> 버튼을 클릭합니다. 이곳에서 EC2와 연결하는 추가 기능을 설치합니다.

상단에 remote ssh라고 검색하면 다음과 같은 화면이 나타납니다. Remote - SSH를 설치하겠습니다. 'Install'을 클릭합니다.

이제 설치한 Remote-SSH를 활용해 보겠습니다. <F1> 키를 누른 후 상단의 검색대에 remote ssh를 검색합니다. 그리고 'Remote-SSH: Connect to Host..'을 클릭합니다.

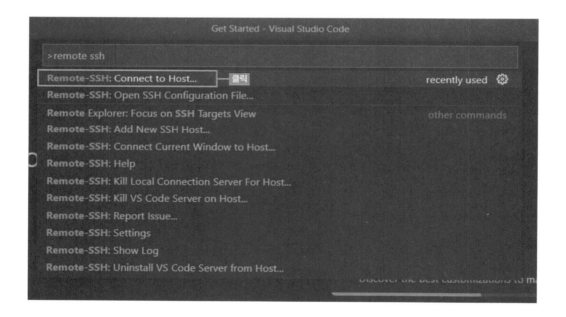

<+ 새 SSH 호스트 추가> 버튼을 클릭한 후 ssh를 연결하겠습니다. ssh 명령어의 기본 형식은 'ssh (계정명)@(IP 주소)'입니다. 구축한 EC2의 탄력적 IP를 사용하면 됩니다.

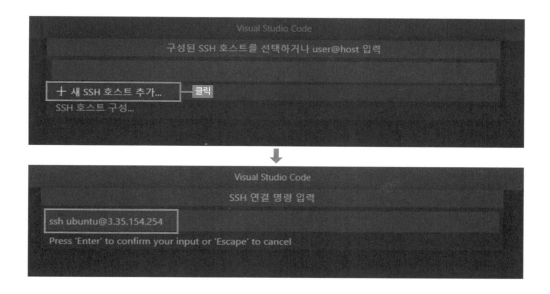

그러면 C:\Users\사용자\.ssh\config 파일 경로가 나타나는데, 이를 클릭합니다. 이곳에서 EC2 정보를 입력할 예정입니다.

config 파일을 클릭한 후 다음 형식에 따라 코드를 입력합니다.

```
Host (접속하려는 서버의 별칭)
  HostName (EC2의 IP)
  User (계정명)
  IdentityFile (PEM 키의 경로)
```

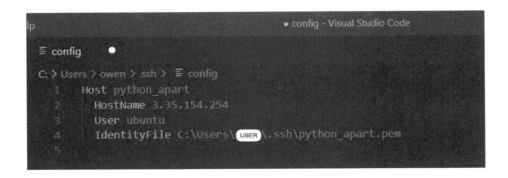

이렇게 config 파일을 작성하고 저장했으면 EC2에 연결합니다. <F1> 키를 눌러 다시 한번 'Remote-SSH: Connect to Host…'를 선택합니다. 그러면 다음과 같이 config에 입력한 서버의 별칭이 함께 나타나는데, 이를 선택합니다. 그리고 EC2 PEM 키에 대한 정보가 나타나면 '계속'을 클릭합니다.

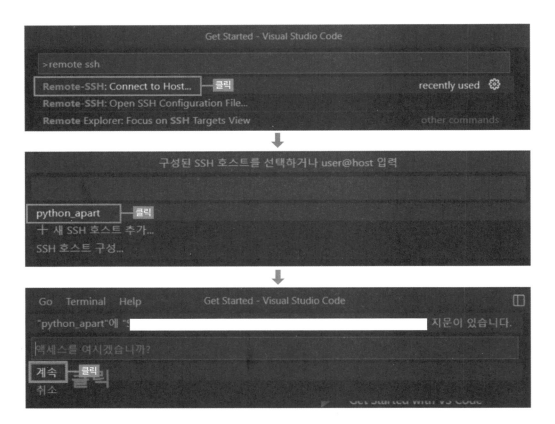

다음 화면을 보면 좌측 하단에 SSH: python_apart와 함께 초록색으로 연결된 표시를 확인할 수 있습니다.

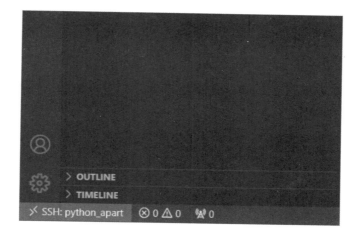

▶ 에러 발생

윈도우에서 EC2와 VSCode를 연동할 때 꽤 잦게 에러를 경험할 수 있습니다. VSCode 연동 과정을 잘 따라 했는데도 에러가 발생한다면 config 파일 또는 known_hosts 파일을 삭제한 후 다시 실행하거나 PEM 키에 대한 권한 재설정 후 다시 실행해 봅니다.

2.3 작업 폴더 생성

VSCode까지 작업을 완료했으니 이제 작업 폴더를 미리 생성해 주도록 하겠습니다. 최종 목표는 특별한 서버 없이 스트림릿(Streamlit) 대시보드를 구축하는 것입니다. 그러나 그 과정까지 EC2에서 잘 정리된 개발 환경이 필요해 폴더를 미리 정리하고 이곳에서 하나씩 진행하려고 합니다. EC2를 생성했으니 /home/ubuntu가 기본적인 경로이며 하위에 real_estate_dashboard를 생성합니다. 그리고 그 하위에 다음과 같이 각각 0_data, 1_notebook, 2_crawler, 3_lambda_docker, 4_streamlit의 폴더를 생성합니다.

다음 그림을 참고하면서 작업 폴더를 구성하도록 하겠습니다. 추가로 생성되는 폴더는 추후에 작업하면서 추가하도록 하겠습니다.

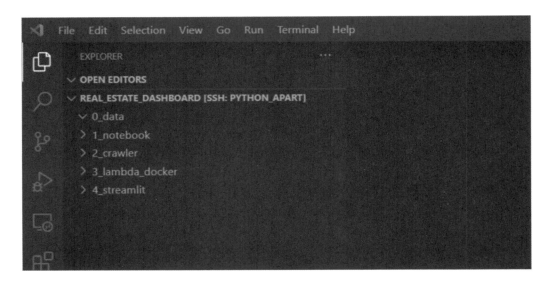

이렇게 작업 폴더를 생성했다면 VSCode의 화면은 다음과 같습니다.

▶ VSCode

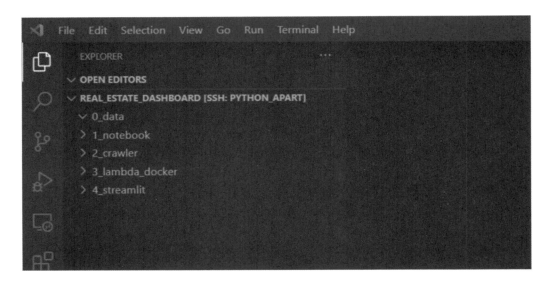

그리고 주피터 노트북에서는 다음과 같은 화면을 볼 수 있습니다.

▶ 주피터 노트북

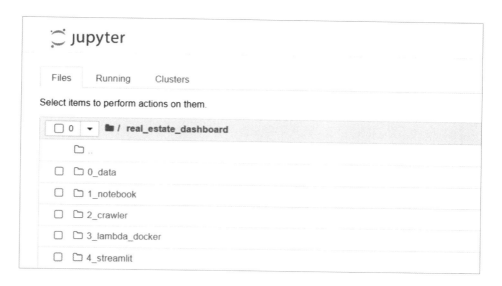

이렇게 작업 폴더까지 생성해 환경 설정을 모두 완료했습니다. 이제는 파이썬 파일을 사용하여 공공데이터 수집에 대해 알아보도록 하겠습니다.

PART 2

파이썬을 사용한
데이터 처리

국토교통부 데이터 수집

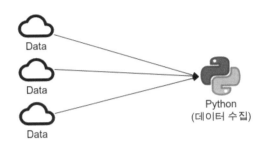

자, 이제 파이썬을 사용해 공공데이터를 수집해 보도록 하겠습니다. 데이터는 국토교통부에서 제공하는 8가지의 데이터(아파트 매매 실거래가, 전월세, 연립다세대 매매 실거래가, 연립다세대 전월세, 단독/다가구 매매 실거래, 단독/다가구 전월세, 오피스텔 매매 실거래가, 오피스텔 전월세), 지리 정보, 지역별 인구, 인프라에 대한 정보를 수집할 예정입니다. API를 사용하여 위의 데이터를 수집하겠습니다.

우선 pip3로 판다스(pandas), 플로틀리(plotly), 스트림릿을 설치합니다.

```
pip3 install pandas
pip3 install plotly
pip3 install streamlit
```

이제 국토교통부에서 제공하는 8가지 데이터를 수집할 것입니다. 아파트 매매 실거래가, 전월세, 연립다세대 매매 실거래가, 연립다세대 전월세, 단독/다가구 매매 실거래, 단독/다가구 전월세, 오피스텔 매매 실거래가, 오피스텔 전월세 정보를 수집할 예정이며 공공데이터포털에서 API를 통해 진행할 것입니다.

3.1 법정동코드 준비

국토교통부의 8가지의 데이터를 수집하기 전에 우선 진행해야 할 것이 있습니다. 바로 법정동코드를 얻어야 합니다. 법정동코드란 우리나라에서 법적으로 지정한 지역에 따른 번호입니다. 그전에 간단히 법정동코드의 체계를 알아보도록 하겠습니다. 법정동코드는 총 10자리로 구성되어 있습니다. 이는 추가로 다음과 같이 나누어집니다.

— 시도(2)+시군구(3)+읍면동(3)+리(2)

예를 들어, 1111010100의 경우 서울특별시(11)+종로구(110)+청운동(101)+리(00)라는 의미로 이해하면 됩니다. 지역 코드를 위해 법정동코드 앞의 다섯 자리를 추출해야 합니다.

우선 법정동코드 전체를 구해 보도록 하겠습니다. 법정동코드는 보통 '행정표준관리시스템'이라는 페이지에서 얻을 수 있습니다. 그러나 '행정표준관리시스템'에서 얻는 데이터의 경우 시도, 시군구, 읍면동, 리의 구분을 따로 찾아내기 힘들기에 잘 정리된 데이터를 사용하겠습니다. 행정안전부에서 제공하는 행정동 및 법정동의 정리본을 사용하려고 합니다. 다음 페이지를 확인해 보도록 하겠습니다.

> ➡ 행정안전부: 주민등록, 인감, 행정사
> mois.go.kr/frt/bbs/type001/commonSelectBoardList.do?bbsId=BBSMSTR_000000000052

위 페이지에 접속하면 '행정기관(행정동) 및 관할구역(법정동) 변경내역' 자료가 보입니다. 제목을 클릭하여 해당 페이지로 넘어갑니다.

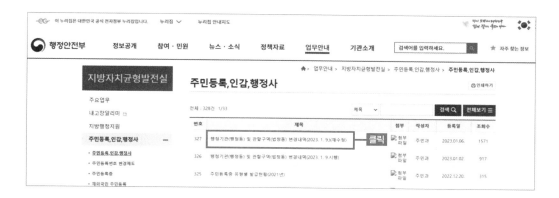

그리고 다음 페이지에서 첨부파일 리스트 중 jscode20220901.zip을 다운로드합니다. 이렇게 행정안전부에서 잘 정리한 행정동코드와 법정동코드, 그리고 둘 사이의 매핑 결과를 동시에 얻었습니다.

다운로드하고 압축을 풀면 여러 개의 파일이 나타납니다. 여기서 다음 세 가지 파일만 남기고 모두 삭제합니다.

파일명	파일 설명
KIKcd_B.20230109.xlsx	법정동코드(실제 주소)
KIKcd_H.20230109.xlsx	행정기관코드(행정동)
KIKmix.20230109.xlsx	행정기관코드+관할 법정동코드

우선 법정동코드만 사용하도록 하겠습니다. 법정동코드 파일인 KIKmix.20230109.xlsx 파일을 약간의 전처리를 통해 legal_info_b.csv라는 파일로 변경한 후 사용하도록 하겠습니다. 이 중에서 필요한 정보는 앞 다섯 자리로 시군구에서 구에 해당하는 정보입니다.

경로를 다음과 같이 맞추고 확인합니다.

```python
import pandas as pd
import os
os.chdir("/home/ubuntu/real_estate_dashboard")
print(os.getcwd())
/home/ubuntu/real_estate_dashboard
```

이제 데이터를 불러오고 확인해 보도록 하겠습니다.

```
legal_info_b = pd.read_excel("0_data/KIKcd_B.20230109.xlsx",
                dtype={'법정동코드':object})

legal_info_b.head()
```

파일 형태는 다음과 같습니다.

행정동코드	시도명	시군구명	읍면동명	법정동코드	동리명	생성일자	말소일자
1100000000	서울특별시	NaN	NaN	1100000000	서울특별시	19880423	NaN
1111000000	서울특별시	종로구	NaN	1111000000	종로구	19880423	NaN
1111051500	서울특별시	종로구	청운효자동	1111010100	청운동	20081101	NaN
1111051500	서울특별시	종로구	청운효자동	1111010200	신교동	20081101	NaN
1111051500	서울특별시	종로구	청운효자동	1111010300	궁정동	20081101	NaN

여기서 법정동코드의 앞 다섯 자리인 법정동시군구 코드가 필요합니다. 다음을 진행하겠습니다.

```
legal_info_b['법정동시군구코드'] = legal_info_b['법정동코드'].str[:5]
legal_info_b['법정동읍면동코드'] = legal_info_b['법정동코드'].str[5:]

legal_info_b.head()
```

이렇게 법정동시군구코드와 법정동읍면동코드를 구했습니다.

행정동코드	시도명	시군구명	읍면동명	법정동코드	동리명	생성일자	말소일자	법정동시군구코드	법정동읍면동코드
1100000000	서울특별시	NaN	NaN	1100000000	서울특별시	19880423	NaN	11000	00000

행정동코드	시도명	시군구명	읍면동명	법정동코드	동리명	생성일자	말소일자	법정동시군구코드	법정동읍면동코드
1111000000	서울특별시	종로구	NaN	1111000000	종로구	1988 0423	NaN	11110	00000
1111051500	서울특별시	종로구	청운효자동	1111010100	청운동	2008 1101	NaN	11110	10100
1111051500	서울특별시	종로구	청운효자동	1111010200	신교동	2008 1101	NaN	11110	10200
1111051500	서울특별시	종로구	청운효자동	1111010300	궁정동	2008 1101	NaN	11110	10300

이제 추가로 법정동읍면동코드가 00000인 경우, 즉 읍면동이 없이 시도/시군구까지만 있는 경우를 제외하여 칼럼을 선택한 후 인덱스를 새로 부여합니다.

```
legal_info_b = legal_info_b[['법정동코드',
                '시도명', '시군구명', '읍면동명','동리명',
                '법정동시군구코드','법정동읍면동코드']]

legal_info_b = legal_info_b[legal_info_b['법정동읍면동코드'] != "00000"]
legal_info_b = legal_info_b.reset_index(drop = True)

legal_info_b.head()
```

다음과 같이 원하는 형태로 바뀌었습니다.

법정동코드	시도명	시군구명	읍면동명	동리명	법정동시군구코드	법정동읍면동코드
1111010100	서울특별시	종로구	청운동	NaN	11110	10100
1111010200	서울특별시	종로구	신교동	NaN	11110	10200
1111010300	서울특별시	종로구	궁정동	NaN	11110	10300
1111010400	서울특별시	종로구	효자동	NaN	11110	10400
1111010500	서울특별시	종로구	창성동	NaN	11110	10500

마지막으로 이 정보를 통해 주소 칼럼을 생성하려고 합니다. 시도명, 시군구명, 읍면동명, 동리명을 토대로 하나의 주소 형태를 만들겠습니다. 위의 테이블을 보면 동리명 칼럼이 NaN (Not A Number)으로 채워져 있습니다. 첫 번째 행의 주소가 '서울특별시 종로구 천운동'이라는 점을 고려해 주소를 합치겠습니다.

```python
legal_info_b = legal_info_b.where(pd.notnull(legal_info_b), " ")

legal_info_b['시도명'] = legal_info_b['시도명'].str.strip()
legal_info_b['시군구명'] = legal_info_b['시군구명'].str.strip()
legal_info_b['읍면동명'] = legal_info_b['읍면동명'].str.strip()
legal_info_b['동리명'] = legal_info_b['동리명'].str.strip()

legal_info_b['주소'] = legal_info_b['시도명'] + " " + \
                  legal_info_b['시군구명'] + " " + \
                  legal_info_b['읍면동명'] + " " + \
                  legal_info_b['동리명']

legal_info_b['주소'] = legal_info_b['주소'].str.replace('  ', ' ')
legal_info_b['주소'] = legal_info_b['주소'].str.strip()

legal_info_b.head()
```

우선 NaN인 데이터는 모두 ' '로 변경합니다. 그리고 각 시도명, 시군구명, 읍면동명, 동리명 부분에 str.strip() 메서드를 사용합니다. 이는 각 데이터에 양쪽 공백이 있는 경우를 제거합니다. 마지막으로 각 데이터를 모두 더해 주소 칼럼을 채웁니다. 이때 역슬래시(\)로 줄 바꿈을 표시합니다.

법정동코드	시도명	시군구명	읍면동명	동리명	법정동 시군구 코드	법정동 읍면동 코드	주소
1111010100	서울특별시	종로구	청운동		11110	10100	서울특별시 종로구 청운동
1111010200	서울특별시	종로구	신교동		11110	10200	서울특별시 종로구 신교동
1111010300	서울특별시	종로구	궁정동		11110	10300	서울특별시 종로구 궁정동

법정동코드	시도명	시군구명	읍면동명	동리명	법정동 시군구 코드	법정동 읍면동 코드	주소
1111010400	서울특별시	종로구	효자동		11110	10400	서울특별시 종로구 효자동
1111010500	서울특별시	종로구	창성동		11110	10500	서울특별시 종로구 창성동

이렇게 주소까지 잘 처리했습니다. 이제 이를 0_data 폴더에 legal_info_b.csv라는 이름으로 저장하겠습니다.

```
legal_info_b.to_csv("0_data/legal_info_b.csv", index = False)
```

▶ 최종 코드

법정동코드의 최종 코드는 다음과 같습니다.

```
legal_info_b = pd.read_excel("0_data/KIKcd_B.20230109.xlsx",
                    dtype={'법정동코드':object})

# 법정동시군구코드, 법정동읍면동코드 생성
legal_info_b['법정동시군구코드'] = legal_info_b['법정동코드'].str[:5]
legal_info_b['법정동읍면동코드'] = legal_info_b['법정동코드'].str[5:]

# 법정동 읍면동 자릿수 00000 제거
legal_info_b = legal_info_b[legal_info_b['법정동읍면동코드'] != "00000"]
legal_info_b = legal_info_b[['법정동코드', '시도명', '시군구명', '읍면동명','동리명',
'법정동시군구코드','법정동읍면동코드']]
legal_info_b = legal_info_b.reset_index(drop = True)

# 주소 데이터 생성
legal_info_b = legal_info_b.where(pd.notnull(legal_info_b), " ")

legal_info_b['시도명'] = legal_info_b['시도명'].str.strip()
legal_info_b['시군구명'] = legal_info_b['시군구명'].str.strip()
legal_info_b['읍면동명'] = legal_info_b['읍면동명'].str.strip()
```

```
legal_info_b['동리명'] = legal_info_b['동리명'].str.strip()

legal_info_b['주소'] = legal_info_b['시도명'] + " " + \
                       legal_info_b['시군구명'] + " " + \
                       legal_info_b['읍면동명'] + " " + \
                       legal_info_b['동리명']

legal_info_b['주소'] = legal_info_b['주소'].str.replace('  ', ' ')
legal_info_b['주소'] = legal_info_b['주소'].str.strip()

legal_info_b.to_csv("0_data/legal_info_b.csv", index = False)
```

3.2 용어 설명

법정동코드를 마무리했으니 이제 행정동코드에 대해 알아보도록 하겠습니다. 우선 법정동코드와 행정동코드의 차이에 대해 살펴보겠습니다.

- 법정동: 예부터 전래되어 온 동명으로 개인의 권리·의무 및 법률 행위 시 사용되는 동명칭
- 행정동: 주민의 편의와 행정 능률을 위하여 적정한 규모와 인구를 기준으로 동주민센터를 설치 운영하는 동명칭

행정동에 대한 설명을 보면 '적정한 규모와 인구를 기준으로 동주민센터를 설치 운영하는 동명칭'이라는 내용이 보입니다. 그래서 수집한 인구 데이터에서는 행정동에 대한 기준으로 표현됩니다. 그러면 이제 행정동코드에 대한 법정동코드를 매핑시키는 작업을 해 봅시다.

3.3 행정동코드 전처리

법정동코드를 구하는 방식과 아주 흡사합니다. 다음 코드를 입력합니다.

```
legal_info_h = pd.read_excel("0_data/KIKcd_H.20230109.xlsx",
```

```
                              dtype={'행정동코드':object})

# 행정동시군구코드, 행정동읍면동코드 생성
legal_info_h['행정동시군구코드'] = legal_info_h['행정동코드'].str[:5]
legal_info_h['행정동읍면동코드'] = legal_info_h['행정동코드'].str[5:]

# 행정동 읍면동 자릿수 00000 제거
legal_info_h = legal_info_h[legal_info_h['행정동읍면동코드'] != "00000"]
legal_info_h = legal_info_h[['행정동코드',
                             '시도명', '시군구명', '읍면동명',
                             '행정동시군구코드','행정동읍면동코드']]
legal_info_h = legal_info_h.reset_index(drop = True)

# 주소 데이터 생성
legal_info_h = legal_info_h.where(pd.notnull(legal_info_h), " ")
legal_info_h['시도명'] = legal_info_h['시도명'].str.strip()
legal_info_h['시군구명'] = legal_info_h['시군구명'].str.strip()
legal_info_h['읍면동명'] = legal_info_h['읍면동명'].str.strip()

legal_info_h['주소'] = legal_info_h['시도명'] + " " + \
                      legal_info_h['시군구명'] + " " + \
                      legal_info_h['읍면동명'] + " " + \
                      legal_info_h['동리명']

legal_info_h['주소'] = legal_info_h['주소'].str.replace('   ', ' ')
legal_info_h['주소'] = legal_info_h['주소'].str.strip()

legal_info_h.columns = ['행정동코드', '행정동_시도명', '행정동_시군구명', '행정동_읍면동명',
                        '행정동시군구코드', '행정동읍면동코드', '행정동_주소']

legal_info_h.head()
```

다음과 같이 행정동코드 역시 주소까지 잘 처리되었습니다.

행정동코드	행정동_ 시도명	행정동_ 시군구명	행정동_ 읍면동명	행정동시 군구코드	행정동읍면 동코드	행정동_주소
1111051500	서울특별시	종로구	청운효자동	11110	51500	서울특별시 종로구 청운효자동

행정동코드	행정동_시도명	행정동_시군구명	행정동_읍면동명	행정동시군구코드	행정동읍면동코드	행정동_주소
1111053000	서울특별시	종로구	사직동	11110	53000	서울특별시 종로구 사직동
1111054000	서울특별시	종로구	삼청동	11110	54000	서울특별시 종로구 삼청동
1111055000	서울특별시	종로구	부암동	11110	55000	서울특별시 종로구 부암동
1111056000	서울특별시	종로구	평창동	11110	56000	서울특별시 종로구 평창동

이제 법정동코드와 병합을 진행하게 될 텐데 이때 시도명, 시군구명, 읍면동명, 주소의 경우 중복을 막고자 미리 칼럼 이름 앞에 '행정동_' 표시를 해 주었습니다. 이제 이 행정동코드 데이터는 0_data 폴더에 legal_info_h.csv라고 저장합니다.

```
legal_info_h.to_csv("0_data/legal_info_h.csv", index = False)
```

3.4 법정동코드와 행정동코드 연결

이번에는 다운로드한 KIKmix.20230109.xlsx 데이터를 확인해 보겠습니다.

```
legal_info_mix = pd.read_excel("0_data/KIKmix.20230109.xlsx",
dtype={'법정동코드':object, '행정동코드':object})

legal_info_mix[legal_info_mix['읍면동명'] == legal_info_mix['동리명']].head()
```

읍면동명과 동리명이 중복으로 쓰인 데이터가 존재합니다.

행정동코드	시도명	시군구명	읍면동명	법정동코드	동리명	생성일자	말소일자
1111053000	서울특별시	종로구	사직동	1111011500	사직동	19880423	NaN

행정동코드	시도명	시군구명	읍면동명	법정동코드	동리명	생성일자	말소일자
1111054000	서울특별시	종로구	삼청동	1111014000	삼청동	19880423	NaN
1111055000	서울특별시	종로구	부암동	1111018400	부암동	19880423	NaN
1111056000	서울특별시	종로구	평창동	1111018300	평창동	19880423	NaN
1111057000	서울특별시	종로구	무악동	1111018700	무악동	19880423	NaN

시군구읍면동을 합쳐서 주소를 만들었는데 중복이 발생하니 따로 전처리해야 합니다.

```
legal_info_mix = pd.read_excel("0_data/KIKmix.20230109.xlsx",
dtype={'법정동코드':object, '행정동코드':object})

legal_info_mix['법정동시군구코드'] = legal_info_mix['법정동코드'].str[:5]
legal_info_mix['법정동읍면동코드'] = legal_info_mix['법정동코드'].str[5:]

legal_info_mix = legal_info_mix[legal_info_mix_total['법정동읍면동코드'] != "00000"]
legal_info_mix = legal_info_mix.reset_index(drop = True)

legal_info_mix = legal_info_mix[['행정동코드','법정동코드']].drop_duplicates()

legal_info_mix.head()
```

행정동코드와 법정동코드만 뽑아서 중복을 제거합니다.

행정동코드	법정동코드
1111051500	1111010100
1111051500	1111010200
1111051500	1111010300
1111051500	1111010400
1111051500	1111010500

이제 이 데이터는 행정동코드 데이터와 법정동코드 데이터를 잇는 중요한 키 데이터가 됩니다. 이제 법정동코드와 행정동코드를 연결해 보도록 하겠습니다.

```
legal_info_mix_total = pd.merge(legal_info_mix, legal_info_b,
        on = '법정동코드',
        how = 'left')

legal_info_mix_total = pd.merge(legal_info_mix_total, legal_info_h,
        on = '행정동코드',
        how = 'left')

df_mix_total.head(3).T
```

결과는 다음과 같습니다.

	0	1	2
행정동코드	1111051500	1111051500	1111051500
법정동코드	1111010100	1111010200	1111010300
시도명	서울특별시	서울특별시	서울특별시
시군구명	종로구	종로구	종로구
읍면동명	청운동	신교동	궁정동
동리명			
법정동시군구코드	11110	11110	11110
법정동읍면동코드	10100	10200	10300
주소	서울특별시 종로구 청운동	서울특별시 종로구 신교동	서울특별시 종로구 궁정동
행정동_시도명	서울특별시	서울특별시	서울특별시
행정동_시군구명	종로구	종로구	종로구
행정동_읍면동명	청운효자동	청운효자동	청운효자동
행정동시군구코드	11110	11110	11110
행정동읍면동코드	51500	51500	51500
행정동_주소	서울특별시 종로구 청운효자동	서울특별시 종로구 청운효자동	서울특별시 종로구 청운효자동

이제 두 가지 데이터를 legal_info_mix.csv로 저장합니다.

```
legal_info_mix_total.to_csv("0_data/legal_info_mix.csv", index = False)
```

법정동코드와 행정동코드의 개념이 아직은 익숙하지 않을 수 있습니다. 책의 앞부분에서는 법정동코드만 사용할 예정이니 일단은 법정동코드만 기억하면 되겠습니다. 이제 작업 폴더는 다음과 같은 구조가 되었습니다.

3.5 공공데이터포털 API 신청

법정동코드를 얻었으니 이제 공공데이터포털의 API를 신청해 보도록 하겠습니다. 다음 페이지에 접속합니다.

공공데이터포털: 국토교통부 아파트 매매 실거래 상세 자료
data.go.kr/data/15057511/openapi.do

API를 신청하려면 공공데이터포털을 통해 회원가입을 해야 합니다. 우선 다음 페이지에서
<활용신청> 버튼을 클릭합니다.

활용 목적을 작성한 후 마이페이지에서 [오픈 API] 메뉴의 '국토교통부_아파트매매 실거래
상세 자료'를 클릭하면 다음과 같이 인증키를 확인할 수 있습니다.

마이페이지	**개발계정 상세보기**			
오픈API ∨	**기본정보**			
개발계정	**데이터명**	국토교통부_아파트매매 실거래 상세 자료 [상세설명]		
운영계정	**서비스유형**	REST	**심의여부**	자동승인
인증키 발급현황	**신청유형**	개발계정 | 활용신청	**처리상태**	승인
DATA	**활용기간**	2020-03-19 ~ 2022-03-19		
나의 문의 >				
나의 관심	**서비스정보**			
나의 제공신청	**데이터포맷**	XML		
나의 분쟁조정	**End Point**			
회원정보 수정 >	API 환경 또는 API 호출 조건에 따라 **인증키**가 적용되는 방식이 다를 수 있습니다. 포털에서 제공되는 **Encoding/Decoding** 된 인증키를 적용하면서 구동되는 키를 사용하시기 바랍니다. * 향후 포털에서 더 명확한 정보를 제공하기 위해 노력하겠습니다.			
	일반 인증키 **(Encoding)**			

이렇게 국토교통부 아파트 매매 실거래 상세 자료에 대한 API 키를 신청했습니다. 이제 다음 주소로 접속해 나머지 7가지 데이터에 대해서도 API 키를 신청합니다.

1. 아파트
    — 아파트 매매 실거래가: data.go.kr/data/15057511/openapi.do
    — 아파트 전월세: data.go.kr/data/15058017/openapi.do

2. 연립다세대
    — 연립다세대 실거래가: data.go.kr/data/15058038/openapi.do
    — 연립다세대 전월세: data.go.kr/data/15058016/openapi.do

3. 단독/다가구
    — 단독/다가구 매매 실거래가: data.go.kr/data/15058022/openapi.do
    — 단독/다가구 전월세: data.go.kr/data/15058352/openapi.do

4. 오피스텔
    — 오피스텔 매매 실거래가: data.go.kr/data/15058452/openapi.do
    — 오피스텔 전월세: data.go.kr/data/15059249/openapi.do

API 키를 신청하고 승인까지는 약 1~2시간이 걸립니다. 최종적으로 승인이 완료되면 공공데이터포털의 [마이페이지] 메뉴에서 확인할 수 있습니다.

마이페이지에서 아래로 드래그하면 신청한 총 8개의 데이터 세트를 확인할 수 있습니다.

3.5.1 아파트 매매 실거래가

우선 아파트 매매 실거래가를 파악해 보도록 하겠습니다. 공공데이터포털에서 국토교통부의 아파트 매매 실거래 상세 자료와 API를 확인해 봅시다.

국토교통부 아파트 매매 실거래 자료 페이지를 보면 요청변수를 확인할 수 있습니다. 요청변수란 쉽게 말해 API를 사용하는 데 필요한 일종의 재료입니다. a를 입력했을 때 A가 출력된다고 한다면, 이때 a에 해당하는 것이 요청변수라고 볼 수 있습니다. 요청변수를 하나씩 확인해 봅시다.

항목명(국문)	항목명(영문)	항목크기	항목구분	샘플데이터	항목설명
서비스 키	ServiceKey	20	필수	-	공공데이터포털에서 받은 인증키
페이지 번호	pageNo	4	옵션	1	페이지 번호
한 페이지 결과 수	numOfRows	4	옵션	10	한 페이지 결과 수
지역코드	LAWD_CD	5	필수	11110	지역코드
계약월	DEAL_YMD	6	필수	201512	계약월

서비스 키, 페이지 번호, 한 페이지 결과 수, 지역코드, 계약월이 필요합니다. 이 중에서 구해야 할 정보는 지역코드입니다. 지역코드는 다섯 자리 숫자로 법정동코드를 사용해 구할 수 있습니다. 예를 들어, 11110은 서울특별시 종로구를 의미합니다. 따라서 API를 사용할 모든 준비를 갖추었습니다.

우선 간단한 API 수집을 진행해 보겠습니다. 위에서 확인한 요청변수 중 필수인 정보만 사용해 보겠습니다.

서비스 URL	openapi.molit.go.kr/OpenAPI_ToolInstallPackage/service/rest/RTMSOBJSvc/getRTMSDataSvcAptTradeDev
ServiceKey	API KEY
LAWD_CD	11110(법정동코드: 종로구에 해당하는 11110을 입력)
DEAL_YMD	202101(계약월: 2021년 01을 의미하는 202101을 입력)

위의 정보를 가지고 실거래 자료를 수집하면 다음과 같이 정리할 수 있습니다. 1_notebook 폴더 하위에 Ministry of Land, Infrastructure and Transport(국토교통부)의 약자인 molit를 이름으로 하는 폴더를 생성합니다. 앞으로 수집할 8개 노트북을 이곳에 저장하겠습니다. 그리고 molit 폴더에 apt_trade.ipynb 파일을 생성하겠습니다. 현재 폴더 구조는 다음과 같습니다.

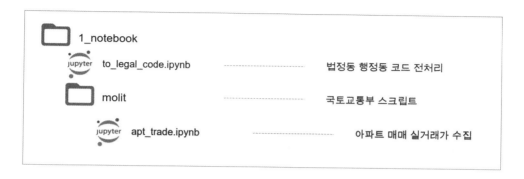

자, 이제 한 줄 한 줄 데이터를 수집해 보도록 하겠습니다.

```python
import pandas as pd
import requests
import os
from bs4 import BeautifulSoup as bs


os.chdir("/home/ubuntu/real_estate_dashboard")
print(os.getcwd())


df = pd.read_csv("../0_data/legal_info_b.csv")


# 생성한 법정동코드 고윳값 지정
LAWD_CD_list = df['법정동시군구코드'].unique()
```

우선 필요한 라이브러리인 pandas, requests, os, bs4를 불러옵니다. 그리고 os.chdir()을 사용해 작업 경로를 /home/ubuntu/real_estate_dashboard로 변경합니다. 폴더의 가독성을 위해 /home/ubuntu/real_estate_dashboard 하위에 molit 폴더를 생성했지만, 작업 경로는 /home/ubuntu/real_estate_dashboard입니다. 그리고 수집한 법정동코드를 준비합니다.

그다음 API 키와 각 칼럼 이름을 다음과 같이 미리 세팅합니다.

```
# API 키 세팅
api_key = '발급받은 API 키'

column_nm = ['거래금액', '거래유형', '건축연도', '년', '도로명', '도로명건물본번호코드',
 '도로명건물부번호코드', '도로명시군구코드', '도로명일련번호코드', '도로명지상지하코드',
 '도로명코드', '법정동', '법정동본번코드', '법정동부번코드', '법정동시군구코드', '법정동읍면동코드',
 '법정동지번코드', '아파트', '월', '일', '일련번호', '전용면적', '중개사소재지', '지번',
 '지역코드', '층']
```

그리고 API를 수집할 수 있도록 서비스 URL과 추가 옵션을 사용해 최종 URL을 생성합니다.

```
# 서비스 URL
url = "http://openapi.molit.go.kr/OpenAPI_ToolInstallPackage/service/rest/
RTMSOBJSvc/getRTMSDataSvcAptTradeDev"


year_month_key = "202101"

# 요청변수 파라미터 설정
params = "?" + \
        "ServiceKey=" + api_key + "&" + \
        "pageNo=" + "1" + "&" + \
        "numOfRows=" + "9999" + "&" + \
        "LAWD_CD=" + "11110" + "&" + \
        "DEAL_YMD=" + year_month_key
```

이제 2021년 1월(202101)의 종로구(11110) 데이터를 수집하게 됩니다. pageNo는 데이터의 페이지이고 numOfRows는 데이터의 개수입니다. 이때 numOfRows는 기본적으로 100으로 설정되어 있으며 이를 넘어가면 페이지가 넘어가게 됩니다. 하지만 이렇게 되면 API를 2번 수집하게 되는 꼴이므로 9999로 설정합니다. 실제로 수집되는 데이터는 최대 1,500개가 안 됩니다.

이제 다음 코드를 사용하면 XML 형식의 2021년 1월 종로구의 아파트 매매 실거래 자료를 확인할 수 있습니다.

```
# requests, BeautifulSoup 라이브러리를 사용한 데이터 수집
res = requests.get(url + params)
soup = bs(res.text, 'xml')
items = soup.find_all('item')

items
```

이제 이 데이터를 데이터 프레임 형태로 변환시킵니다.

```
total = pd.DataFrame()
# 수집된 데이터를 판다스 데이터 프레임 형식으로 변환
for k in range(len(items)):
    df_raw = []
    for j in column_nm:
        df_raw.append(items[k].find(j).text)
    df = pd.DataFrame(df_raw).T
    total = pd.concat([total, df])

total.columns = column_nm

total.head(3).T
```

각 items와 칼럼 이름을 하나씩 변환시켜서 df라는 데이터 프레임을 만들고 pd.concat() 함수를 사용해 total에 하나씩 연결합니다. 그리고 total.head().T 코드를 통해 데이터를 확인해 봅니다. 칼럼의 수가 너무 길어서 T() 함수를 사용해 행과 열을 회전시켰습니다.

0	0	0	0	0	
거래금액	130,000	150,000	175,000	175,000	180,000
거래유형					
건축연도	2000	2008	2004	2004	2004
년	2021	2021	2021	2021	2021
도로명	자하문로33길	경희궁길	사직로8길	사직로8길	사직로8길
도로명건물본번호코드	43	57	24	24	34

0	0	0	0	0	
도로명건물부번호 코드	0	0	0	0	0
도로명시군구코드	11110	11110	11110	11110	11110
도로명일련번호 코드	1	1	5	5	5
도로명지상지하 코드	0	0	0	0	0
도로명코드	4100285	4100010	4100135	4100135	4100135
법정동	청운동	사직동	내수동	내수동	내수동
법정동본번코드	56	9	71	71	72
법정동부번코드	45	1	0	0	0
법정동시군구코드	11110	11110	11110	11110	11110
법정동읍면동코드	10100	11500	11800	11800	11800
법정동지번코드	1	1	1	1	1
아파트	청운현대	광화문스페이 스본(106동)	경희궁의 아침2단지	경희궁의 아침2단지	경희궁의 아침3단지
월	1	1	1	1	1
일	14	7	15	15	17
일련번호	11110-4	11110-2204	11110-115	11110-115	11110-116
전용면적	129.76	144.52	174.55	174.55	123.13
중개사소재지					
지번	56-45	9-1	71	71	72
지역코드	11110	11110	11110	11110	11110
층	2	6	4	4	13

이렇게 2021년 1월의 종로구의 실거래가를 수집해 보았습니다.

▶ 법정동코드 반복문

이렇게 종로구의 2021년 1월의 거래가격을 간단히 알아보았습니다. 이제 대한민국의 모든 법정동에 대한 정보를 수집해 보도록 하겠습니다. 참고로, 현재 우리나라의 시군구 법정동코드의 개수는 총 250개입니다. 그리고 API 키의 하루 수집 한도는 1,000개입니다.

다음과 같이 법정동에 대해서 반복문을 사용해 보겠습니다. 이번에는 year_month_key 부분에 202112를 넣어 2021년 12월의 정보를 수집해 보도록 하겠습니다.

```python
import pandas as pd
import requests
import os
from bs4 import BeautifulSoup as bs

df = pd.read_csv("../0_data/legal_info_b.csv")

# 생성한 법정동코드 고윳값 지정
LAWD_CD_list = df['법정동시군구코드'].unique()

# API키 세팅
api_key = '발급받은 API 키'

column_nm = ['거래금액', '거래유형', '건축연도', '년', '도로명', '도로명건물본번호코드',
  '도로명건물부번호코드', '도로명시군구코드', '도로명일련번호코드', '도로명지상지하코드',
  '도로명코드', '법정동', '법정동본번코드', '법정동부번코드', '법정동시군구코드', '법정동읍면동코드',
  '법정동지번코드', '아파트', '월', '일', '일련번호', '전용면적', '중개사소재지', '지번',
  '지역코드', '층']

for i in range(len(LAWD_CD_list)):

    # 서비스 URL
    url = "http://openapi.molit.go.kr/OpenAPI_ToolInstallPackage/service/rest/
RTMSOBJSvc/getRTMSDataSvcAptTradeDev"

    year_month_key = "202112"

    # 요청변수 파라미터 설정
    params = "?" + \
            "ServiceKey=" + api_key + "&" + \
            "pageNo=" + "1" + "&" + \
```

```
              "numOfRows=" + "9999" + "&" + \
              "LAWD_CD=" + str(LAWD_CD_list[i])  + "&" + \
              "DEAL_YMD=" + year_month_key

    # requests, BeautifulSoup 라이브러리를 사용한 데이터 수집
    res = requests.get(url + params)
    soup = bs(res.text, 'xml')
    items = soup.find_all('item')



    total = pd.DataFrame()
    # 수집된 데이터를 판다스 데이터 프레임 형식으로 변환

    for k in range(len(items)):
        df_raw = []
        for j in column_nm:
            df_raw.append(items[k].find(j).text)
        df = pd.DataFrame(df_raw).T
        total = pd.concat([total, df])

    total.columns = column_nm

total.head().T
```

▶ 에러 발생

법정동코드를 통해 반복문을 사용했더니 에러가 발생합니다.

```
---------------------------------------------------------------------------
AttributeError                            Traceback (most recent call last)
<ipython-input-286-956a8abf5a87> in <module>
     78          df_raw = []
     79          for j in column_nm:
---> 80              df_raw.append(items[k].find(j).text)
     81          df = pd.DataFrame(df_raw).T
     82 #            for j in range(len(df_list)):

AttributeError: 'NoneType' object has no attribute 'text'
```

에러문을 확인해 봅시다. 중요한 것은 어디서 에러가 발생했는지, 어떠한 에러가 발생하는지입니다. 하나씩 확인해 보겠습니다.

- 어디에서 에러가 발생하는가

```
---> 45              df_raw.append(items[k].find(j).text)
```

- 에러명이 무엇인가

```
AttributeError: 'NoneType' object has no attribute 'text'
```

우선 에러 내용을 살펴보면, AttributeError: 'NoneType' object has no attribute 'text'입니다. 웹 크롤링 또는 API를 통해 데이터를 수집할 때 자주 발생하는 에러로 find()를 사용했는데 검색되지 않을 때 발생합니다.

이제 에러가 어디서 발생하는지를 파악해 봅시다. df_raw.append(items[k].find(j).text) 코드에서 에러가 발생해 이 부분을 파악해 봐야겠습니다.

참고로, 에러가 발생할 경우에는 다음과 같이 에러명을 구글에 검색해 보면 다양한 정보를 얻을 수 있습니다. 우리가 겪고 있는 에러는 이미 다른 사람들이 먼저 겪었고, 정보를 잘 공유해 주고 있습니다.

이제 반복문을 실행했을 때 에러가 왜 발생하는지 하나씩 알아보도록 해 봅시다. 정확히 어떤 위치에서 에러가 발생하는지 알기 위해 기존의 코드에서 df_raw.append(items[k].find(j).text) 상단에 print() 함수를 삽입하겠습니다.

```
# 수집된 데이터를 Pandas 데이터 프레임 형식으로 변환
for k in range(len(items)):
    df_raw = []
    for j in column_nm:
        print(LAWD_CD_list[i],k,j) # 에러 파악 여부
        df_raw.append(items[k].find(j).text)
    df = pd.DataFrame(df_raw).T
    total = pd.concat([total, df])

total.columns = column_nm
```

print(LAWD_CD_list[i],k,j) # 에러 파악 여부라는 코드를 삽입합니다. print() 함수의 출력이 반복되다가 에러가 발생합니다.

```
11110 0 거래금액
11110 0 거래유형
11110 0 건축연도
11110 0 년
11110 0 도로명
11110 0 도로명건물본번호코드
11110 0 도로명건물부번호코드
11110 0 도로명시군구코드
11110 0 도로명일련번호코드
11110 0 도로명지상지하코드
11110 0 도로명코드
11110 0 법정동
11110 0 법정동본번코드
11110 0 법정동부번코드
11110 0 법정동시군구코드
11110 0 법정동읍면동코드
11110 0 법정동지번코드
11110 0 아파트
11110 0 월
11110 0 일
11110 0 일련번호


---------------------------------------------------------------------------
AttributeError                            Traceback (most recent call last)
<ipython-input-296-6d52a8bb1907> in <module>
     72         for j in column_nm:
     73             print(LAWD_CD_list[i],k,j)
```

```
---> 74             df_raw.append(items[k].find(j).text)
     75
     76         df = pd.DataFrame(df_raw).T

AttributeError: 'NoneType' object has no attribute 'text'
```

11110 0 일련번호 다음에서 에러가 발생하고 작동이 멈추었습니다. 그래서 items의 0~2번까지의 find_all() 메서드를 사용해 일련번호를 파악합니다.

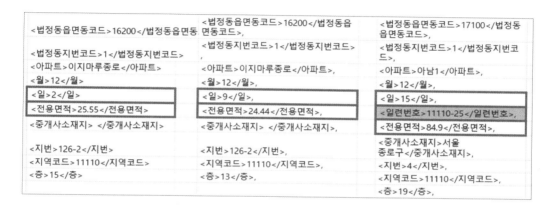

'일련번호'가 없습니다. 당연히 있어야 할 데이터인데 없습니다. 그래서 일련번호를 조회했을 경우 에러가 발생한 것입니다. 실제로 데이터를 다룰 때 이런 일은 비일비재하니 에러 발생에 익숙해지도록 합니다.

일련번호가 없기 때문에 발생한 에러이니 column_nm을 강제로 지정했습니다. 이제 API를 수집하는 방법을 바꾸어서 다시 실행해 봅시다. try except를 사용하여 예외 처리합니다.

```
try:
    items_data = items[k].find(j).text
    df_raw.append(items_data)
except:
    items_data = "존재하지 않음"
    df_raw.append(items_data)
```

try 문 실행 중 에러가 발생했을 경우 except 문이 실행되게 됩니다. 기존에 items[k].find(j). text에서 에러가 발생했기에 해당 코드를 다음과 같이 변경했습니다.

```
# 수집된 데이터를 Pandas 데이터 프레임 형식으로 변환
for k in range(len(items)):
    df_raw = []
    for j in column_nm:
        print(LAWD_CD_list[i],k,j) # 에러 파악 여부
        df_raw.append(items[k].find(j).text)
    df = pd.DataFrame(df_raw).T
    total = pd.concat([total, df])

total.columns = column_nm
```

→

```
# 수집된 데이터를 Pandas 데이터 프레임 형식으로 변환
for k in range(len(items)):
    df_raw = []
    for j in column_nm:
#        print(LAWD_CD_list[i],k,j) # 에러 파악 여부
        try:
            items_data = items[k].find(j).text
            df_raw.append(items_data)
        except:
            items_data = "존재하지 않음"
            df_raw.append(items_data)

    df = pd.DataFrame(df_raw).T
    total = pd.concat([total, df])

total.columns = column_nm
```

total.head(3)을 다시 실행해 보면 일련번호 칼럼에 '존재하지 않음'이라는 새로운 데이터가 쌓여서 잘 수집된 것을 확인할 수 있습니다.

거래금액	92,000	120,000	150,500	70,000	145,000
거래유형	중개거래	중개거래	중개거래	직거래	중개거래
건축연도	2001	2001	2019	2001	2011
년	2021	2021	2021	2021	2021
도로명	새창로8길	효창원로	백범로	새창로	효창원로
도로명건물본번호코드	157	17	313	70	88
도로명건물부번호코드	0	0	0	0	0
도로명시군구코드	11170	11170	11170	11170	11170
도로명일련번호코드	1	6	0	2	10
도로명지상지하코드	0	0	존재하지 않음	0	0
도로명코드	4106144	3005022	3005016	3005018	3005022
법정동	산천동	산천동	효창동	도원동	용문동
법정동본번코드	204	193	287	23	90

법정동부번코드	0	0	0	0	0
법정동시군구코드	11170	11170	11170	11170	11170
법정동읍면동코드	11500	11500	11900	12000	12100
법정동지번코드	1	1	1	1	1
아파트	한강타운	리버힐삼성	용산롯데캐슬센터포레	삼성래미안	브라운스톤
월	12	12	12	12	12
일	3	4	9	15	17
일련번호	11170-139	11170-138	11170-3209	11170-27	11170-2841
전용면적	59.69	59.55	59.8677	59.94	84.76
중개사소재지	서울 마포구	서울 용산구	서울 용산구		서울 용산구
지번	204	193	287	23	90
지역코드	11170	11170	11170	11170	11170
층	5	6	5	12	10

▶ 데이터 저장

이제 이 데이터를 저장해 보도록 하겠습니다. 미리 total이라는 데이터를 만들어 놓았기에 total에 대해 저장하겠습니다.

```
directory = "../0_data/apt_trade"
if not os.path.exists(directory):
    os.makedirs(directory)

file_name = '../0_data/apt_trade/apt_trade_' + str(year_month_key) + ".csv"
total.to_csv(file_name, index = False)
```

우선 파일 이름을 설정합니다. 저장 경로는 0_data/apt_trade이고, apt_trade_202101.csv라고 저장합니다. 처음에 0_data 하위에 apt_trade라는 폴더가 없으면 새로 생성하도록 if 문을 추가합니다. 그리고 0_data/apt_trade 폴더를 확인해 보도록 하겠습니다.

이렇게 아파트 매매 실거래가 데이터 샘플을 수집해 보았습니다. 현재까지의 폴더는 다음과 같습니다.

▶ 최종 코드

다음을 참고해 최종 코드를 작성합니다. 실제로 테스트에서는 데이터가 많으니 반복문에서 법정동은 전부 쓰되 2~3개월 데이터만 사용하는 것을 추천합니다. API 수집 하루 제한은 1,000개이고 데이터의 양이 많아지면 무거워질 수 있기 때문입니다.

```python
import pandas as pd
import requests
import os
from bs4 import BeautifulSoup as bs

df = pd.read_csv("../0_data/legal_info_b.csv")

# 생성한 법정동코드 고윳값 지정
LAWD_CD_list = df['법정동시군구코드'].unique()

# API 키 세팅
api_key = '발급받은 API 키'

column_nm = ['거래금액', '거래유형', '건축연도', '년', '도로명', '도로명건물본번호코드',
    '도로명건물부번호코드', '도로명시군구코드', '도로명일련번호코드', '도로명지상지하코드',
    '도로명코드', '법정동', '법정동본번코드', '법정동부번코드', '법정동시군구코드', '법정동읍면동코드',
```

```python
    '법정동지번코드', '아파트', '월', '일', '일련번호', '전용면적', '중개사소재지', '지번',
'지역코드', '층']

for i in range(len(LAWD_CD_list)):

    # 서비스 URL
    url = "http://openapi.molit.go.kr/OpenAPI_ToolInstallPackage/service/rest/
RTMSOBJSvc/getRTMSDataSvcAptTradeDev"

    year_month_key = "202101"

    # 요청변수 파라미터 설정
    params = "?" + \
            "ServiceKey=" + api_key + "&" + \
            "pageNo=" + "1" + "&" + \
            "numOfRows=" + "9999" + "&" + \
            "LAWD_CD=" + str(LAWD_CD_list[i]) + "&" + \
            "DEAL_YMD=" + year_month_key

    # requests, BeautifulSoup 라이브러리를 사용한 데이터 수집
    res = requests.get(url + params)
    soup = bs(res.text, 'xml')
    items = soup.find_all('item')


    total = pd.DataFrame()
    # 수집된 데이터를 판다스 데이터 프레임 형식으로 변환

    for k in range(len(items)):
        df_raw = []
        for j in column_nm:
#            print(LAWD_CD_list[i],k,j) # 에러 파악 여부
            try:
                items_data = items[k].find(j).text
                df_raw.append(items_data)
            except:
                items_data = "존재하지 않음"
                df_raw.append(items_data)
        df = pd.DataFrame(df_raw).T
        df.columns = column_nm
```

```
        total = pd.concat([total, df])

    total.columns = column_nm

# total.head().T

directory = "0_data/apt_trade"
if not os.path.exists(directory):
    os.makedirs(directory)

file_name = '../0_data/apt_trade/apt_trade_' + str(year_month_key) + ".csv"
total.to_csv(file_name, index = False)
```

상단에는 거래월 코드 반복문을 추가했습니다. for 문 안에 있는 코드를 한 번에 들여쓰기해야 할 때는 주피터 노트북 기준으로 필요한 코드를 드래그한 후 <Tab> 키를 누르면 전체 들여쓰기가 실행되니 참고하세요.

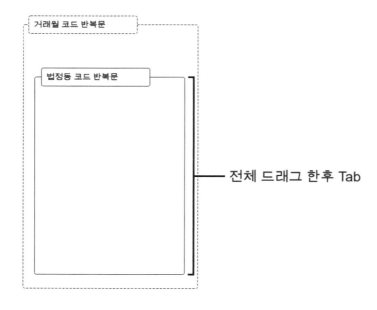

3.5.2 아파트 전월세 데이터

나머지 국토교통부 7개 데이터 세트에 대한 코드도 살펴보겠습니다. 데이터 세트마다 칼럼 명이 다르니 이전 코드를 복사하지 말고 타이핑하기 바랍니다.

우선 1_notebook 폴더에 apt_rent.ipynb 파일을 생성합니다. 현재 폴더 구조는 다음과 같습니다.

API 키는 이미 신청했으니 다음 코드를 통해 자료를 수집합니다.

```
import pandas as pd
import requests
import os
from bs4 import BeautifulSoup as bs

os.chdir("/home/ubuntu/real_estate_dashboard")
print(os.getcwd())

df = pd.read_csv("../0_data/legal_info_b.csv")

# 생성한 법정동코드 고윳값 지정
LAWD_CD_list = df['법정동시군구코드'].unique()

# API 키 세팅
api_key = '발급받은 API 키'

column_nm = ['거래금액', '거래유형', '건축연도', '년', '도로명', '도로명건물본번호코드',
'도로명건물부번호코드',
```

```python
               '도로명시군구코드', '도로명일련번호코드', '도로명지상지하코드', '도로명코드',
'법정동', '법정동본번코드',
               '법정동부번코드', '법정동시군구코드', '법정동읍면동코드', '법정동지번코드',
'아파트',
               '월', '일', '일련번호', '전용면적', '중개사소재지', '지번', '지역코드', '층']

for i in range(len(LAWD_CD_list)):

    # 서비스 URL
    url = "http://openapi.molit.go.kr:8081/OpenAPI_ToolInstallPackage/service/
rest/RTMSOBJSvc/getRTMSDataSvcAptRent"


    year_month_key = "202101"

    # 요청변수 파라미터 설정
    params = "?" + \
            "ServiceKey=" + api_key + "&" + \
            "pageNo=" + "1" + "&" + \
            "numOfRows=" + "9999" + "&" + \
            "LAWD_CD=" + str(LAWD_CD_list[i])  + "&" + \
            "DEAL_YMD=" + year_month_key

    # requests, BeautifulSoup 라이브러리를 사용한 데이터 수집
    res = requests.get(url + params)
    soup = bs(res.text, 'xml')
    items = soup.find_all('item')


    total = pd.DataFrame()
    # 수집된 데이터를 판다스 데이터 프레임 형식으로 변환

    for k in range(len(items)):
        df_raw = []
        for j in column_nm:
#               print(LAWD_CD_list[i],k,j) # 에러 파악 여부
            try:
                items_data = items[k].find(j).text
                df_raw.append(items_data)
            except:
                items_data = "존재하지 않음"
```

```
                df_raw.append(items_data)
        df = pd.DataFrame(df_raw).T
        df.columns = column_nm

        total = pd.concat([total, df])

    total.columns = column_nm

# total.head().T

directory = "data/apt_rent"
if not os.path.exists(directory):
    os.makedirs(directory)

file_name = '../0_data/apt_rent/apt_rent_sample_' + '202101' + ".csv"
total.to_csv(file_name, index = False)
```

3.5.3 연립다세대 실거래가

이번에는 연립다세대 실거래가를 수집해 보도록 하겠습니다. 연립다세대란 연립주택, 다세대주택을 합친 용어로 두 가지 데이터를 동시에 수집할 수 있습니다.

- 다세대주택: 독립된 구조 공간을 갖추었다는 점에서 다가구와 유사하지만 각 호수의 소유권이 있다는 점에서 다릅니다. 즉, 구분소유의 분양이 가능합니다. 각 호수로 등기부가 있지만 모든 호수를 한 사람이 소유하고 있는 경우도 있고 원룸주택도 다세대주택인 경우가 있습니다. 4층 이하여야 하고 연면적이 660제곱미터 이하여야 합니다. 흔히 말하는 빌라가 법령상 다세대주택이거나 연립주택입니다.
- 연립주택: 다세대주택과 동일하나 연면적이 660제곱미터를 초과한 경우입니다.

이제 1_notebook 폴더에 rh_trade.ipynb 파일을 생성합니다. 현재 폴더 구조는 다음과 같습니다.

📁	1_notebook	-----------	공공데이터 저장용도
jupyter	to_legal_code.ipynb	-----------	법정동 행정동 코드 전처리
jupyter	apt_trade.ipynb	-----------	아파트 매매 실거래가 수집
jupyter	apt_rent.ipynb	-----------	아파트 전월세 수집
jupyter	rh_trade.ipynb	-----------	연립다세대 매매 실거래가 수집

그리고 다음 코드를 작성합니다.

```python
import pandas as pd
import requests
import os
from bs4 import BeautifulSoup as bs

df = pd.read_csv("../0_data/legal_info_b.csv")

# 생성한 법정동코드 고윳값 지정
LAWD_CD_list = df['법정동시군구코드'].unique()

# API키 세팅
api_key = '발급받은 API 키'

column_nm = ['거래금액', '거래유형', '건축연도', '년', '도로명', '도로명건물본번호코드',
'도로명건물부번호코드',
            '도로명시군구코드', '도로명일련번호코드', '도로명지상지하코드', '도로명코드',
'법정동', '법정동본번코드',
            '법정동부번코드', '법정동시군구코드', '법정동읍면동코드', '법정동지번코드',
'아파트',
            '월', '일', '일련번호', '전용면적', '중개사소재지', '지번', '지역코드', '층']

for i in range(len(LAWD_CD_list)):

    # 서비스 URL
    url = "http://openapi.molit.go.kr:8081/OpenAPI_ToolInstallPackage/service/
rest/RTMSOBJSvc/getRTMSDataSvcRHTrade"
```

```python
    year_month_key = "202101"

    # 요청변수 파라미터 설정
    params = "?" + \
            "ServiceKey=" + api_key + "&" + \
            "pageNo=" + "1" + "&" + \
            "numOfRows=" + "9999" + "&" + \
            "LAWD_CD=" + str(LAWD_CD_list[i])  + "&" + \
            "DEAL_YMD=" + year_month_key

    # requests, BeautifulSoup 라이브러리를 사용한 데이터 수집
    res = requests.get(url + params)
    soup = bs(res.text, 'xml')
    items = soup.find_all('item')


    total = pd.DataFrame()
    # 수집된 데이터를 판다스 데이터 프레임 형식으로 변환

    for k in range(len(items)):
        df_raw = []
        for j in column_nm:
#               print(LAWD_CD_list[i],k,j) # 에러 파악 여부
            try:
                items_data = items[k].find(j).text
                df_raw.append(items_data)
            except:
                items_data = "존재하지 않음"
                df_raw.append(items_data)
        df = pd.DataFrame(df_raw).T
        df.columns = column_nm

        total = pd.concat([total, df])

    total.columns = column_nm

# total.head().T

directory = "0_data/rh_trade"
if not os.path.exists(directory):
```

```
    os.makedirs(directory)

file_name = '../0_data/rh_trade/rh_trade_' + str(year_month_key) + ".csv"
total.to_csv(file_name, index = False)
```

3.5.4 연립다세대 전월세 데이터

1_notebook 폴더에 rh_rent.ipynb 파일을 만들어 주도록 하겠습니다.

1_notebook	공공데이터 저장용도
to_legal_code.ipynb	법정동 행정동 코드 전처리
apt_trade.ipynb	아파트 매매 실거래가 수집
apt_rent.ipynb	아파트 전월세 수집
rh_trade.ipynb	연립다세대 매매 실거래가 수집
rh_rent.ipynb	연립다세대 전월세 수집

그리고 다음 코드를 작성합니다.

```
import pandas as pd
import requests
import os
from bs4 import BeautifulSoup as bs


df = pd.read_csv("../0_data/legal_info_b.csv")

# 생성한 법정동코드 고윳값 지정
LAWD_CD_list = df['법정동시군구코드'].unique()

# API 키 세팅
```

```python
api_key = '발급받은 API 키'

column_nm = ['거래금액', '거래유형', '건축연도', '년', '도로명', '도로명건물본번호코드',
'도로명건물부번호코드',
            '도로명시군구코드', '도로명일련번호코드', '도로명지상지하코드', '도로명코드',
'법정동', '법정동본번코드',
            '법정동부번코드', '법정동시군구코드', '법정동읍면동코드', '법정동지번코드',
'아파트',
            '월', '일', '일련번호', '전용면적', '중개사소재지', '지번', '지역코드', '층']

for i in range(len(LAWD_CD_list)):

    # 서비스 URL
    url = "http://openapi.molit.go.kr:8081/OpenAPI_ToolInstallPackage/service/
rest/RTMSOBJSvc/getRTMSDataSvcRHRent"


    year_month_key = "202101"

    # 요청변수 파라미터 설정
    params = "?" + \
            "ServiceKey=" + api_key + "&" + \
            "pageNo=" + "1" + "&" + \
            "numOfRows=" + "9999" + "&" + \
            "LAWD_CD=" + str(LAWD_CD_list[i])  + "&" + \
            "DEAL_YMD=" + year_month_key

    # requests, BeautifulSoup 라이브러리를 사용한 데이터 수집
    res = requests.get(url + params)
    soup = bs(res.text, 'xml')
    items = soup.find_all('item')


    total = pd.DataFrame()
    # 수집된 데이터를 판다스 데이터 프레임 형식으로 변환

    for k in range(len(items)):
        df_raw = []
        for j in column_nm:
#                print(LAWD_CD_list[i],k,j) # 에러 파악 여부
            try:
```

```
                items_data = items[k].find(j).text
                df_raw.append(items_data)
            except:
                items_data = "존재하지 않음"
                df_raw.append(items_data)
        df = pd.DataFrame(df_raw).T
        df.columns = column_nm

        total = pd.concat([total, df])

    total.columns = column_nm

# total.head().T

directory = "0_data/rh_rent"
if not os.path.exists(directory):
    os.makedirs(directory)

file_name = '../0_data/rh_rent/rh_rent_' + str(year_month_key) + ".csv"
total.to_csv(file_name, index = False)
```

3.5.5 단독/다가구 실거래가

이번에는 단독/다가구의 실거래가를 수집해 보도록 하겠습니다.

- 단독주택: 일반적인 의미는 한 가족에게 주어진 독립된 주택을 의미하지만 법령상으로는 분양이나 구분소유가 안 되는 주택을 의미한다고 봐야 하고 법령상 세 가지(단독주택, 다가구주택, 다중주택)가 있습니다.
- 다가구주택: 여러 가구가 사용하는 3층 이하의 주택입니다. 1층이 주차장인 필로티 구조인 경우 4층까지 가능합니다. 분양이나 구분소유가 안 됩니다. 소유주는 건물 전체를 소유하고 각 호수에 주방과 화장실이 있어 독립된 주거생활이 가능합니다. 원룸주택은 다가구주택인 경우가 많습니다. 다가구주택도 법령상 단독주택에 해당합니다.

이제 1_notebook 폴더에 sh_trade.ipynb 파일을 추가합니다. 현재 폴더 구조는 다음과 같습니다.

📁 1_notebook	·········	공공데이터 저장용도
jupyter to_legal_code.ipynb	·········	법정동 행정동 코드 전처리
jupyter apt_trade.ipynb	·········	아파트 매매 실거래가 수집
jupyter apt_rent.ipynb	·········	아파트 전월세 수집
jupyter rh_trade.ipynb	·········	연립다세대 매매 실거래가 수집
jupyter rh_rent.ipynb	·········	연립다세대 전월세 수집
jupyter sh_trade.ipynb	·········	단독/다가구 매매 실거래가 수집

그리고 실거래가 수집 코드를 다음과 같이 작성합니다.

```python
import pandas as pd
import requests
import os
from bs4 import BeautifulSoup as bs


df = pd.read_csv("../0_data/legal_info_b.csv")

# 생성한 법정동코드 고윳값 지정
LAWD_CD_list = df['법정동시군구코드'].unique()

# API 키 세팅
api_key = '발급받은 API 키'

column_nm = [
  '거래금액', '거래유형', '건축연도', '년', '대지면적', '법정동', '연면적', '월',
  '일', '주택유형', '중개사소재지', '지번', '지역코드', '해제사유발생일', '해제여부'
  ]

for i in range(len(LAWD_CD_list)):

    # 서비스 URL
```

```python
    url = "http://openapi.molit.go.kr:8081/OpenAPI_ToolInstallPackage/service/
rest/RTMSOBJSvc/getRTMSDataSvcSHTrade"

    year_month_key = "202101"

    # 요청변수 파라미터 설정
    params = "?" + \
            "ServiceKey=" + api_key + "&" + \
            "pageNo=" + "1" + "&" + \
            "numOfRows=" + "9999" + "&" + \
            "LAWD_CD=" + str(LAWD_CD_list[i])  + "&" + \
            "DEAL_YMD=" + year_month_key

    # requests, BeautifulSoup 라이브러리를 사용한 데이터 수집
    res = requests.get(url + params)
    soup = bs(res.text, 'xml')
    items = soup.find_all('item')


    total = pd.DataFrame()
    # 수집된 데이터를 판다스 데이터 프레임 형식으로 변환

    for k in range(len(items)):
        df_raw = []
        for j in column_nm:
#               print(LAWD_CD_list[i],k,j) # 에러 파악 여부
            try:
                items_data = items[k].find(j).text
                df_raw.append(items_data)
            except:
                items_data = "존재하지 않음"
                df_raw.append(items_data)
        df = pd.DataFrame(df_raw).T
        df.columns = column_nm

        total = pd.concat([total, df])

    total.columns = column_nm

# total.head().T
```

```
directory = "0_data/sh_trade"
if not os.path.exists(directory):
    os.makedirs(directory)


file_name = '../0_data/sh_trade/sh_trade_' + str(year_month_key) + ".csv"
total.to_csv(file_name, index = False)
```

3.5.6 단독/다가구 전월세 데이터

1_notebook 폴더에 sh_rent.ipynb 파일을 추가합니다. 현재까지의 폴더 구조는 다음과 같습니다.

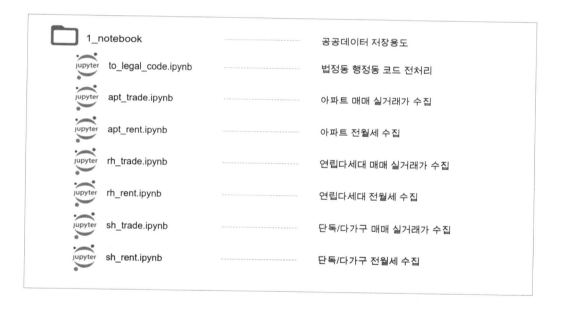

그리고 전월세 데이터 수집 코드를 다음과 같이 작성합니다.

```
import pandas as pd
import requests
import os
from bs4 import BeautifulSoup as bs
```

```python
df = pd.read_csv("../0_data/legal_info_b.csv")

# 생성한 법정동코드 고윳값 지정
LAWD_CD_list = df['법정동시군구코드'].unique()

# API 키 세팅
api_key = '발급받은 API 키'

column_nm = [
    '갱신요구권사용', '건축연도', '계약구분', '계약기간', '년', '법정동', '보증금액',
    '연립다세대', '월', '월세금액', '일', '종전계약보증금', '종전계약월세', '지역코드'
 ]


for i in range(len(LAWD_CD_list)):

    # 서비스 URL
    url = "http://openapi.molit.go.kr:8081/OpenAPI_ToolInstallPackage/service/
rest/RTMSOBJSvc/getRTMSDataSvcSHRent"

    year_month_key = "202101"

    # 요청변수 파라미터 설정
    params = "?" + \
            "ServiceKey=" + api_key + "&" + \
            "pageNo=" + "1" + "&" + \
            "numOfRows=" + "9999" + "&" + \
            "LAWD_CD=" + str(LAWD_CD_list[i])  + "&" + \
            "DEAL_YMD=" + year_month_key

    # requests, BeautifulSoup 라이브러리를 사용한 데이터 수집
    res = requests.get(url + params)
    soup = bs(res.text, 'xml')
    items = soup.find_all('item')


    total = pd.DataFrame()
    # 수집된 데이터를 판다스 데이터 프레임 형식으로 변환

    for k in range(len(items)):
```

```
        df_raw = []
        for j in column_nm:
#               print(LAWD_CD_list[i],k,j) # 에러 파악 여부
            try:
                items_data = items[k].find(j).text
                df_raw.append(items_data)
            except:
                items_data = "존재하지 않음"
                df_raw.append(items_data)
        df = pd.DataFrame(df_raw).T
        df.columns = column_nm

        total = pd.concat([total, df])

    total.columns = column_nm

# total.head().T

directory = "0_data/sh_rent"
if not os.path.exists(directory):
    os.makedirs(directory)

file_name = '../0_data/sh_rent/sh_rent_' + str(year_month_key) + ".csv"
total.to_csv(file_name, index = False)
```

3.5.7 오피스텔 실거래가

오피스텔은 Office와 Hotel의 합성어입니다. 주거 겸용 사무실이지만, 근래 소형 평수 오피스텔을 중심으로 주거 목적에 더 많이 사용되고 있습니다. 법적으로 업무시설이지만 전입신고를 하고 주거 목적으로 사용한다면 주택임대차보호법의 적용을 받습니다.

이제 1_notebook 폴더에 offi_trade.ipynb 파일을 생성합니다. 현재까지의 폴더 구조는 다음과 같습니다.

📁 1_notebook	----------	공공데이터 저장용도
jupyter to_legal_code.ipynb	----------	법정동 행정동 코드 전처리
jupyter apt_trade.ipynb	----------	아파트 매매 실거래가 수집
jupyter apt_rent.ipynb	----------	아파트 전월세 수집
jupyter rh_trade.ipynb	----------	연립다세대 매매 실거래가 수집
jupyter rh_rent.ipynb	----------	연립다세대 전월세 수집
jupyter sh_trade.ipynb	----------	단독/다가구 매매 실거래가 수집
jupyter sh_rent.ipynb	----------	단독/다가구 전월세 수집
jupyter offi_trade.ipynb	----------	오피스텔 매매 실거래가 수집

그리고 실거래가 수집 코드를 다음과 같이 작성합니다.

```python
import pandas as pd
import requests
import os
from bs4 import BeautifulSoup as bs



df = pd.read_csv("../0_data/legal_info_b.csv")

# 생성한 법정동코드 고윳값 지정
LAWD_CD_list = df['법정동시군구코드'].unique()

# API 키 세팅
api_key = '발급받은 API 키'

column_nm = [
  '거래금액', '거래유형', '건축연도', '년', '단지', '법정동', '시군구', '월', '일',
  '전용면적', '중개사소재지', '지번', '지역코드', '층', '해제사유발생일', '해제여부'
 ]


for i in range(len(LAWD_CD_list)):
```

```python
# 서비스 URL
url = "http://openapi.molit.go.kr/OpenAPI_ToolInstallPackage/service/rest/
RTMSOBJSvc/getRTMSDataSvcOffiTrade"

year_month_key = "202101"

# 요청변수 파라미터 설정
params = "?" + \
        "ServiceKey=" + api_key + "&" + \
        "pageNo=" + "1" + "&" + \
        "numOfRows=" + "9999" + "&" + \
        "LAWD_CD=" + str(LAWD_CD_list[i])  + "&" + \
        "DEAL_YMD=" + year_month_key

# requests, BeautifulSoup 라이브러리를 사용한 데이터 수집
res = requests.get(url + params)
soup = bs(res.text, 'xml')
items = soup.find_all('item')


total = pd.DataFrame()
# 수집된 데이터를 판다스 데이터 프레임 형식으로 변환

for k in range(len(items)):
    df_raw = []
    for j in column_nm:
#           print(LAWD_CD_list[i],k,j) # 에러 파악 여부
        try:
            items_data = items[k].find(j).text
            df_raw.append(items_data)
        except:
            items_data = "존재하지 않음"
            df_raw.append(items_data)
    df = pd.DataFrame(df_raw).T
    df.columns = column_nm

    total = pd.concat([total, df])

total.columns = column_nm
```

```
# total.head().T

directory = "0_data/offi_trade"
if not os.path.exists(directory):
    os.makedirs(directory)

file_name = '../0_data/offi_trade/offi_trade_' + str(year_month_key) + ".csv"
total.to_csv(file_name, index = False)
```

3.5.8 오피스텔 전월세 데이터

이번에는 오피스텔 전월세 데이터를 수집하겠습니다. 이번에도 먼저 1_notebook 폴더에 offi_rent.ipynb 파일을 생성합니다.

1_notebook	··········	공공데이터 저장용도
to_legal_code.ipynb	··········	법정동 행정동 코드 전처리
apt_trade.ipynb	··········	아파트 매매 실거래가 수집
apt_rent.ipynb	··········	아파트 전월세 수집
rh_trade.ipynb	··········	연립다세대 매매 실거래가 수집
rh_rent.ipynb	··········	연립다세대 전월세 수집
sh_trade.ipynb	··········	단독/다가구 매매 실거래가 수집
sh_rent.ipynb	··········	단독/다가구 전월세 수집
offi_trade.ipynb	··········	오피스텔 매매 실거래가 수집
offi_rent.ipynb	··········	오피스텔 전월세 실거래가 수집

그리고 전월세 데이터 수집 코드를 다음과 같이 작성합니다.

```python
import pandas as pd
import requests
import os
from bs4 import BeautifulSoup as bs


df = pd.read_csv("../0_data/legal_info_b.csv")

# 생성한 법정동코드 고윳값 지정
LAWD_CD_list = df['법정동시군구코드'].unique()

# API 키 세팅
api_key = '발급받은 API 키'

column_nm = [
    '갱신요구권사용', '건축연도', '계약구분', '계약기간', '년', '단지', '법정동', '보증금',
    '시군구', '월', '일', '전용면적', '종전계약보증금', '종전계약월세', '지번', '지역코드', '층'
]


for i in range(len(LAWD_CD_list)):

    # 서비스 URL
    url = "http://openapi.molit.go.kr/OpenAPI_ToolInstallPackage/service/rest/
RTMSOBJSvc/getRTMSDataSvcOffiRent"

    year_month_key = "202101"

    # 요청변수 파라미터 설정
    params = "?" + \
            "ServiceKey=" + api_key + "&" + \
            "pageNo=" + "1" + "&" + \
            "numOfRows=" + "9999" + "&" + \
            "LAWD_CD=" + str(LAWD_CD_list[i])  + "&" + \
            "DEAL_YMD=" + year_month_key

    # requests, BeautifulSoup 라이브러리를 사용한 데이터 수집
    res = requests.get(url + params)
    soup = bs(res.text, 'xml')
    items = soup.find_all('item')
```

```python
    total = pd.DataFrame()
    # 수집된 데이터를 판다스 데이터 프레임 형식으로 변환

    for k in range(len(items)):
        df_raw = []
        for j in column_nm:
#               print(LAWD_CD_list[i],k,j) # 에러 파악 여부
            try:
                items_data = items[k].find(j).text
                df_raw.append(items_data)
            except:
                items_data = "존재하지 않음"
                df_raw.append(items_data)
        df = pd.DataFrame(df_raw).T
        df.columns = column_nm

        total = pd.concat([total, df])

    total.columns = column_nm

# total.head().T

directory = "0_data/offi_rent"
if not os.path.exists(directory):
    os.makedirs(directory)

file_name = '../0_data/offi_rent/offi_rent_' + str(year_month_key) + ".csv"
total.to_csv(file_name, index = False)
```

이렇게 국토교통부에서 제공하는 8가지 데이터의 수집을 완료했습니다. 여기에서는 2021년 1월의 데이터를 수집했지만, 이후에는 AWS와 함께 2018년부터 2022년까지의 데이터를 S3에 추가로 적재하도록 하겠습니다. 현재 폴더 구조는 다음과 같이 구성되어 있습니다.

```
📁 real_estate_dashboard ........................ 프로젝트의 메인 디렉토리(폴더)
    📁 0_data ................................ 공공데이터 저장용도
        📄 KIKmix.20220901.xlsx .............. 법정동 행정동 코드 원본
        📄 legal_code.csv .................... 법정동 행정동 코드
        📁 apt_trade ......................... 아파트 매매 실거래가 폴더
            📄 apt_trade_202101.csv .......... 2021년 1월 데이터
        📁 apt_rent .......................... 아파트 전월세 폴더
            📄 apt_rent_202101.csv ........... 2021년 1월 데이터
        📁 rh_trade .......................... 연립다세대 매매 실거래가 폴더
            📄 rh_trade_202101.csv ........... 2021년 1월 데이터
        📁 rh_rent ........................... 연립다세대 전월세 폴더
            📄 rh_rent_202101.csv ............ 2021년 1월 데이터
        📁 sh_trade .......................... 단독/다가구 매매 실거래가 폴더
            📄 sh_trade_202101.csv ........... 2021년 1월 데이터
        📁 sh_rent ........................... 단독/다가구 전월세 폴더
            📄 sh_rent_202101.csv ............ 2021년 1월 데이터
        📁 offi_trade ........................ 오피스텔 매매 실거래가 폴더
            📄 offi_trade_202101.csv ......... 2021년 1월 데이터
        📁 offi_rent ......................... 오피스텔 전월세 폴더
            📄 offi_rent_202101.csv .......... 2021년 1월 데이터
```

3.6 지리 정보 수집

이번에는 지리 정보 데이터를 가져와 보도록 하겠습니다. 지리 정보의 경우 딥러닝 기반 기술 연구소 @지오서비스(GEOSERVICE)에서 제공하는 대한민국 최신 행정구역(SHP)을 다운로드하여 사용하겠습니다. 지오서비스에서는 대한민국의 행정구역 데이터를 다음과 같이 소개하고 있습니다.

대한민국의 행정구역에 대한 시도, 시군구, 읍면동, 리에 대한 공간 데이터입니다. 읍면동의 동은 법정동입니다. 도로명주소 데이터베이스(DataBase, DB)로 제공되는 행정구역도를 일반

사용자들이 쉽게 사용할 수 있도록 병합하여 제공하고 있습니다. 본 데이터를 사용할 경우 다른 분들도 널리 사용할 수 있도록 출처를 언급하여 알려 주면 감사하겠습니다.

GEOSERVICE를 사용하게 되면 기존의 공공데이터에서 제공하는 SHP 파일들에 대한 까다로운 전처리를 해결할 수 있습니다. 그럼 다음을 클릭하여 확인해 보도록 하겠습니다.

● 대한민국 최신 행정구역(SHP)
gisdeveloper.co.kr/?p=2332

GEOSERVICE에서 제공하는 행정구역 리스트입니다. 시도/시군구/읍면동/리 단위까지 데이터를 제공합니다. 읍면동까지의 데이터를 얻어 보도록 하겠습니다. 밑으로 드래그해 주도록 하겠습니다.

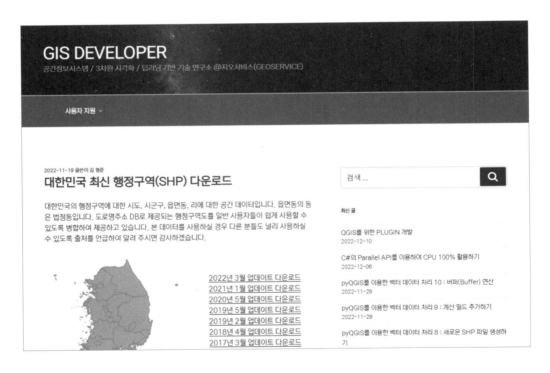

시군구의 SHP 데이터입니다. 이제 이를 다운로드하겠습니다. 직접 다운로드하여 주피터에 업로드하는 방법이 있지만 리눅스 명령어를 사용하도록 하겠습니다. 0장에서 아나콘다 설치하는 방법과 동일합니다. '2022년 3월 업데이트 다운로드'를 마우스 오른쪽 클릭 후 [링크 주소 복사] 메뉴를 선택합니다.

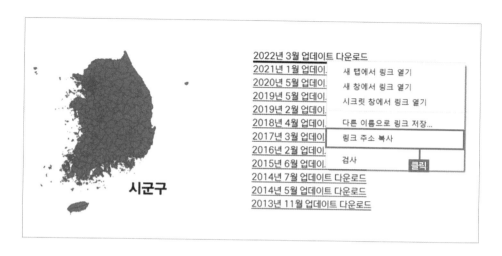

이제 0_data/에 geoservice 디렉토리를 생성한 후 다운로드해 보도록 하겠습니다. 다음 명령어를 입력합니다.

```
$ cd /home/ubuntu/real_estate_dashboard/0_data
$ mkdir geoservice
$ cd geoservice
$ wget http://www.gisdeveloper.co.kr/download/admin_shp/SIG_20220324.zip
```

이렇게 다운로드하게 되면 geoservice 경로에 SIG_2022_0324.zip 파일이 생성됩니다. 이제 이 zip 파일의 압축을 풀어 보도록 하겠습니다.

```
$ unzip SIG_202203                                              24.zip
Archive:  SIG_20220324.zip
  inflating: sig.dbf
  inflating: sig.prj
  inflating: sig.shp
  inflating: sig.shx
```

압축을 풀면 sig.dbf, sig.prj, sig.shp, sig.shx라는 파일을 얻습니다. SIG_20220324.zip 파일은 다음 명령어를 통해 삭제합니다.

```
$ rm -rf SIG_20220324.zip
```

현재 0_data 폴더와 그 외 경로는 다음과 같습니다.

real_estate_dashboard	프로젝트의 메인 디렉토리(폴더)
0_data	공공데이터 저장용도
geoservice	geoservice의 읍면동 데이터
emd.dbf	각 도형의 속성정보, dBase 포멧
emd.prj	좌표정보
emd.shp	도형파일(벡터형식)
emd.shx	도형의 위치, 방향정보

인구 및 지역 데이터 수집

04

4.1 아파트는 인구에 비례한다: 지역별 인구 데이터 수집

이번에는 지역별 인구 데이터를 수집해 보겠습니다. 이번에는 KOSIS라는 곳에서 데이터를 수집해 보려고 합니다. KOSIS는 Korean Statistical Information Service의 약자로 국내·국제·북한의 주요 통계를 한곳에 모아 이용자가 원하는 통계를 한 번에 찾을 수 있도록 통계청에서 제공하는 서비스입니다. 이곳에서 '행정구역(시군구)별, 성별 인구수'라는 데이터를 수집하겠습니다. 다음 페이지를 확인해 봅시다.

> ➡ 행정구역(시군구)별, 성별 인구수
>
> kosis.kr/statHtml/statHtml.do?orgId=101&tblId=DT_1B040A3

이제 KOSIS의 API 신청 페이지에 접속하겠습니다. 우선 다음 페이지에 접속 후 회원가입을 진행합니다.

> ➡ KOSIS 공유서비스
>
> kosis.kr/openapi/index/index.jsp

4.1.1 개발 가이드

이 책에서는 KOSIS의 API에 대해 간단하게 다루기에, KOSIS에서의 API 수집에 대한 자세한 정보를 얻고 싶다면 [개발가이드] → [통계자료] 메뉴에서 '개발가이드 다운로드'를 클릭해 참고하세요.

4.1.2 API 신청

이제 KOSIS의 행정구역별 인구 데이터 수집을 진행하도록 하겠습니다. 우선 페이지 상단에 있는 [서비스이용] → [통계자료] 메뉴를 클릭합니다.

이 데이터를 통해 웹 대시보드를 생성할 예정이니 웹개발 그리고 상업적 활용은 아니므로, 사용목적에 '공부'라고 작성하고 <신청>을 클릭합니다.

그다음 페이지에서는 현재 현황을 보여 줍니다. 이곳에서 <자료등록> 버튼을 클릭합니다.

이제 필요한 자료를 등록하겠습니다. 수집해야 할 데이터는 행정구역(시군구)별, 성별 인구수이므로 이에 대한 정보를 입력해 보겠습니다.

우선 통계표명에 '행정구역(시군구)별, 성별 인구수'를 작성하고 <검색> 버튼을 클릭합니다.
표가 나타나면 사용여부를 선택하고 <통계표등록> 버튼을 클릭합니다.

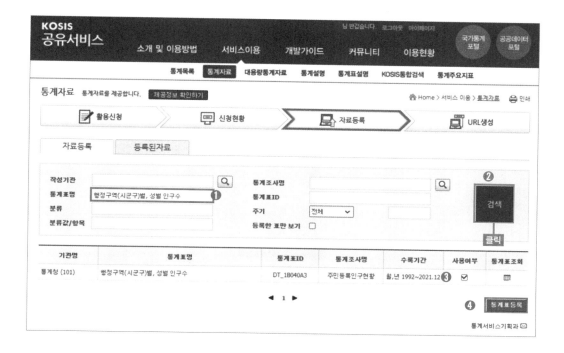

통계표를 등록하고 나면 <URL 생성> 버튼을 클릭하면 됩니다.

이제 URL 생성 조건을 확인해 보겠습니다. 분류에서 레벨은 2로 설정하고, 항목에서는 [총 인구수]만 선택한 후 <URL 생성> 버튼을 클릭합니다.

모두 완료되면 다음과 같이 URL을 확인할 수 있습니다. 이제 이 URL로 데이터를 만들어 보 겠습니다.

4.1.3 파이썬을 사용한 API 데이터 수집

이제 간단하게 API 데이터를 수집해 보겠습니다. 1_notebook 폴더에 cencus.ipynb 파일을 생성합니다. 현재 폴더 구조는 다음과 같습니다.

그리고 다음 코드를 작성합니다. URL이 JSON 형태이기에 공공데이터포털에서 수집한 API에 비해 간단합니다.

```python
import json
import urllib.request
import pandas as pd

url = "생성된 URL"

response = urllib.request.urlopen(url)
response_message = response.read().decode('utf8')
```

```
data = json.loads(response_message)

df= pd.DataFrame(data)
df.head(3).T

year_month_key = df['PRD_DE'].unique()[0]

file_name = '../0_data/cencus_' + year_month_key + ".csv"
df.to_csv(file_name, index = False)
```

이렇게 생성된 데이터는 df['PRD_DE']를 통해 연월을 얻습니다. 그리고 0_data 폴더에 cencus_202205.csv로 저장합니다.

	0	1	2
TBL_NM	행정구역(읍면동)별/ 5세별 주민등록인구 (2011년~)	행정구역(읍면동)별/ 5세별 주민등록인구 (2011년~)	행정구역(읍면동)별/ 5세별 주민등록인구 (2011년~)
PRD_DE	202205	202205	202205
TBL_ID	DT_1B04005N	DT_1B04005N	DT_1B04005N
ITM_NM	총인구수	남자 인구수	여자 인구수
ITM_NM_ENG	Population	Male	Female
ITM_ID	T2	T3	T4
UNIT_NM	명	명	명
ORG_ID	101	101	101
UNIT_NM_ENG	Person	Person	Person
C1_OBJ_NM	행정구역(동읍면)별	행정구역(동읍면)별	행정구역(동읍면)별
C1_OBJ_NM_ENG	By Administrative District	By Administrative District	By Administrative District
C2_OBJ_NM	5세별	5세별	5세별
C2_OBJ_NM_ENG	By Age Group (Five- Year)	By Age Group (Five- Year)	By Age Group (Five- Year)
DT	51583722	25715591	25868131

	0	1	2
PRD_SE	M	M	M
C2	0	0	0
C1	0	0	0
C1_NM	전국	전국	전국
C2_NM	계	계	계
C1_NM_ENG	Whole country	Whole country	Whole country
C2_NM_ENG	Total	Total	Total

현재 폴더 구조는 다음과 같습니다.

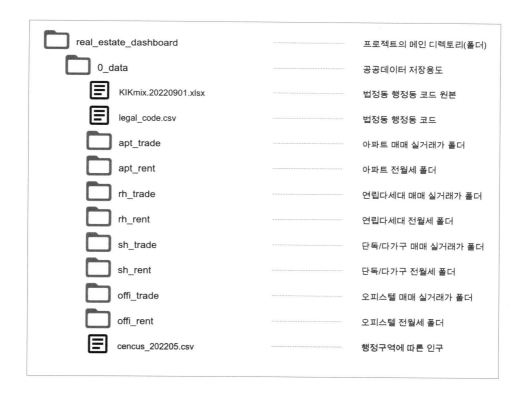

real_estate_dashboard .... 프로젝트의 메인 디렉토리(폴더)
0_data .... 공공데이터 저장용도
KIKmix.20220901.xlsx .... 법정동 행정동 코드 원본
legal_code.csv .... 법정동 행정동 코드
apt_trade .... 아파트 매매 실거래가 폴더
apt_rent .... 아파트 전월세 폴더
rh_trade .... 연립다세대 매매 실거래가 폴더
rh_rent .... 연립다세대 전월세 폴더
sh_trade .... 단독/다가구 매매 실거래가 폴더
sh_rent .... 단독/다가구 전월세 폴더
offi_trade .... 오피스텔 매매 실거래가 폴더
offi_rent .... 오피스텔 전월세 폴더
cencus_202205.csv .... 행정구역에 따른 인구

4.2 지역을 분석하자: 초등학교 데이터 수집

아파트를 고려하는 기준으로 '초품아'라는 말이 있습니다. 이는 '초등학교를 품은 아파트'라는 뜻입니다. 그만큼 거주지를 선택할 때 교육 환경을 중요하게 여깁니다. 따라서 이번에는 전국의 초등학교 데이터를 수집해 보겠습니다.

'나이스 교육정보 개방 포털'의 학교기본정보 API를 사용하겠습니다. 우선, 다음 페이지에 접속해 회원가입을 진행합니다.

> ◐ 나이스 교육정보 개방 포털
> open.neis.go.kr/portal/mainPage.do

4.2.1 인증키 발급

인증키를 발급해 보겠습니다. 회원가입을 한 후 마이페이지의 [인증키 발급]으로 들어가 다음과 같이 정보를 입력합니다. 필요에 따라 소속과 사용자에 알맞게 작성하고 <인증키 발급 신청> 버튼을 클릭합니다.

4.2.2 인증키 확인

인증키를 발급한 후 마이페이지의 [인증키 발급] 메뉴를 클릭합니다. 다음과 같이 인증키를 확인했으면 이제 데이터를 수집해 보겠습니다.

4.2.3 데이터 세트

데이터는 메인 페이지의 [데이터셋] 메뉴에서 '학교기본정보'를 클릭해 확인합니다. 학교기본정보 페이지로 넘어간 후 [Open API] 탭을 확인해 보겠습니다. API에 대한 정보와 요청변수에 대한 설명을 확인할 수 있습니다.

4.2.4 데이터 수집

페이지 상단에 신청주소가 보이고, 필수로 입력해야 하는 기본 인자로 인증키, 호출 문서, 페이지 위치, 페이지당 신청 숫자가 있습니다. 또한 신청인자가 보이는데, 이 중에서 사용할 인자는 학교종류명입니다. 필요한 정보가 정리되었으니 파이썬을 통해 데이터를 수집해 보겠습니다. 사용할 API URL을 정리하자면 다음과 같습니다.

신청주소	open.neis.go.kr/hub/schoolInfo
KEY	생성받은 인증키
Type	호출 문서: xml로 지정
pIndex	페이지 위치: 1~7
pSize	페이지당 신청 숫자: 1,000개
SCHUL_KND_SC_NM	학교종류명: 초등학교

우선 전국의 초등학교를 수집하겠습니다. pIndex를 1~7로, 전국의 초등학교가 약 6,200개이기에 pSize를 1,000으로 지정합니다.

```
column_nm = [
    '시도교육청코드',
    '시도교육청명',
    '표준학교코드',
    '학교명',
    '영문학교명',
    '학교종류명',
    '소재지명',
    '관할조직명',
    '설립명',
    '도로명우편번호',
    '도로명주소',
    '도로명상세주소',
    '전화번호',
    '홈페이지주소',
    '남녀공학구분명',
    '팩스번호',
    '고등학교구분명',
```

```
         '산업체특별학급존재여부',
         '고등학교일반실업구분명',
         '특수목적고등학교계열명',
         '입시전후기구분명',
         '주야구분명',
         '설립일자',
         '개교기념일',
         '수정일'
]


# API 키 세팅
api_key = '발급받은 API 키'


total = pd.DataFrame()


for i in range(1,8):
    url = "https://open.neis.go.kr/hub/schoolInfo"
    # 요청변수 파라미터 설정
    params = "?" + \
        "KEY=" + api_key + "&" + \
        "Type=" + "xml" + "&" + \
        "pIndex=" + str(i) + "&" + \
        "pSize=" + "1000" + "&" + \
        "SCHUL_NM=" + "초등학교"


    res = requests.get(url + params)
    soup = bs(res.text, 'xml')
    items = soup.find_all('row')


    for k in range(len(items)):
            df_list = items[k].find_all()
            df_raw = []
            for i in range(len(df_list)):
                df_raw.append(df_list[i].text)
            df = pd.DataFrame(df_raw).T

#            df.columns = column_nm
#            if not os.path.exists('elementary_school.csv'):
#                df.to_csv('elementary_school.csv', index = False, mode = 'w')
#            else:
#                df.to_csv('elementary_school.csv', index = False, mode = 'a',
```

```
header = False)

            total = pd.concat([total, df])

total.columns = column_nm
total.reset_index(drop=True)
total.head(3)
```

XML 형식의 API는 부동산 실거래가를 다루었을 때처럼 수집할 수 있습니다.

시도교육청코드	시도교육청명	표준학교코드	학교명	영문학교명	학교종류명	소재지명	관할조직명	설립명	도로명우편번호	...	팩스번호	고등학교구분명	산업체특별학급존재여부	고등학교일반실업구분명	특수목적고등학교계열명	입시전후기구분명	주야구분명	설립일자	개교기념일	수정일
B10	서울특별시교육청	7031110	경기초등학교	Kyonggi Elementary School	초등학교	서울특별시	서울특별시서부교육지원청	사립	03746	...	02-3146-9581		N	일반계		전기	주간	19641203	19641203	20211216
B10	서울특별시교육청	7134077	경복초등학교	Kyungbok Elementary School	초등학교	서울특별시	서울특별시성동광진교육지원청	사립	04991	...	02-454-5086		N	일반계		전기	주간	19650302	19650302	20211216
B10	서울특별시교육청	7021079	경희초등학교	Kyunghee Elementary School	초등학교	서울특별시	서울특별시동부교육지원청	사립	02447	...	02-967-2498		N	일반계		전기	주간	19610331	19610518	202112

4.3 지역을 분석하자: 도시공원 데이터 수집

거주지를 고려하는 요소 중 쾌적한 환경을 대변하는 공원이 있는지 살피기도 합니다. 따라서 이번에는 전국의 공원 데이터를 알아보도록 하겠습니다. 공원 데이터의 경우 공공데이터 포털에서 제공하며 앞서 API 신청했던 방법과 동일해 쉽게 따라 할 수 있습니다. 우선, 다음 페이지에 접속합니다.

➡ 전국도시공원정보표준데이터
data.go.kr/data/15012890/standard.do

전국도시공원정포표준데이터에 대한 설명이 자세하게 서술되어 있습니다.

아래로 드래그해 보면 [그리드] 탭으로 설정된 화면이 나타납니다. 이곳에서 XLSX 또는 CSV 형식으로 다운로드하는 방법이 설명되어 있으나 [Open API] 탭을 선택한 후 <활용신청>을 클릭합니다.

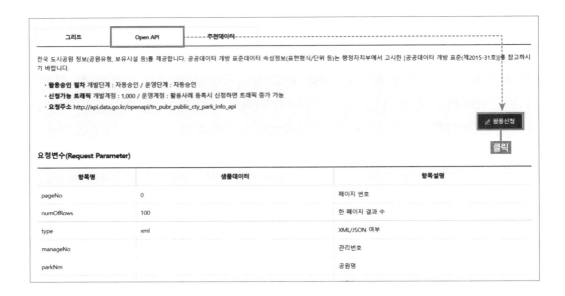

활용 신청 후 활용 목적을 적절히 작성합니다. 이제 마이페이지에서 [오픈 API] 메뉴의 '전국 도시공원정보표준데이터'를 클릭하면 인증키를 확인할 수 있습니다. 승인까지는 1~2시간이 소요됩니다.

공원 데이터 수집에 사용할 요청변수는 다음과 같습니다.

항목명(국문)	항목명(영문)	항목크기	항목구분	샘플데이터	항목설명
	ServiceKey	20	필수	-	공공데이터포털에서 받은 인증키
	pageNo	4	옵션	1	페이지번호
	numOfRows	4	옵션	100	한 페이지 결과 수
	type	5	옵션	xml	XML/JSON 여부

4.3.1 데이터 수집

먼저, 1_notebook 폴더의 경로에 public_city_park.ipynb라는 노트북을 추가합니다. 현재 1_notebook의 폴더 구성은 다음과 같습니다.

📁 1_notebook	⋯⋯⋯⋯	공공데이터 저장용도
jupyter to_legal_code.ipynb	⋯⋯⋯⋯	법정동 행정동 코드 전처리
jupyter geo_test.ipynb	⋯⋯⋯⋯	지도 데이터 시각화 테스트
jupyter cencus.ipynb	⋯⋯⋯⋯	지역별 인구 데이터
jupyter schoolInfo.ipynb	⋯⋯⋯⋯	조등학교 데이터
jupyter public_city_park.ipynb	⋯⋯⋯⋯	전국공원 데이터 수집
📁 molit	⋯⋯⋯⋯	국토교통부 8개 데이터

이제 public_city_park.ipynb를 열어 보도록 하겠습니다. 그리고 다음 코드를 입력합니다. math 라이브러리를 불러왔습니다.

```
import json
import urllib.request
import pandas as pd
import os
import math


os.chdir("/home/ubuntu/real_estate_dashboard")
print(os.getcwd())
```

이제 발급받은 API 키와 요청변수의 파라미터를 설정해 주도록 하겠습니다. numOfRows에 1을, type에는 xml이 아닌 json을 입력해 json의 구조를 살펴봅시다.

```
api_key = '발급받은 api 키'

url = "http://api.data.go.kr/openapi/tn_pubr_public_cty_park_info_api"

# 요청변수 파라미터 설정
params = "?" + \
         "ServiceKey=" + api_key + "&" + \
```

```
            "pageNo=" + "1" + "&" + \
            "numOfRows=" + "1" + "&" + \
            "type=" + 'json'
```

이제 이를 데이터로 변환하기 전에 json 구조에 대해 알아보도록 하겠습니다. api url을 json 으로 변환하여 확인해 보도록 하겠습니다.

```
response = urllib.request.urlopen(url + params)
response_message = response.read().decode('utf8')

data = json.loads(response_message)
data
```

다음은 JSON 형식으로 변환한 결과입니다. 이 중에서 totalCount를 보면 16,764개의 데이터가 존재한다는 것을 알 수 있습니다. 따라서 16,764개의 데이터를 조금씩 나누어서 수집하겠습니다.

```
{'response': {'header': {'resultCode': '00',
    'resultMsg': 'NORMAL_SERVICE',
    'type': 'json'},
  'body': {'items': [{'manageNo': '47190-00127',
      'parkNm': '백현체육공원',
      'parkSe': '체육공원',
      'rdnmadr': '',
      'lnmadr': '경상북도 구미시 산동면 백현리 79',
      'latitude': '36.1864293331',
      'longitude': '128.4784906760',
      'parkAr': '90967',
      'mvmFclty': '',
      'amsmtFclty': '',
      'cnvnncFclty': '',
      'cltrFclty': '',
      'etcFclty': '',
      'appnNtfcDate': '',
      'institutionNm': '',
      'phoneNumber': '',
```

```
    'referenceDate': '2022-06-09',
   'insttCode': '5080000'}],
  'totalCount': '16764',
  'numOfRows': '1',
  'pageNo': '1'}}}
```

앞서 불러왔던 math 라이브러리를 사용해 16,764개의 데이터를 1,000개 단위로 나누어 총 17번의 수집 과정을 거치고 이를 누적하여 저장하려고 합니다. 우선 총 JSON에서 전체 데이터를 얻어 보도록 하겠습니다. JSON 데이터에서 response → body → totalCount 순서로 총 데이터를 얻을 수 있습니다.

```
totalcount = data['response']['body']['totalCount']
totalcount = int(totalcount)
16764
```

이 16,764개의 데이터를 1,000개로 나누고 버림 처리하겠습니다. math.floor() 함수를 사용합니다.

```
total_page_no = math.floor(totalcount/1000) + 1
total_page_no
17
```

이제 1,000개씩 총 17번의 데이터를 수집하면 됩니다. 그전에 데이터 샘플을 수집해 보도록 하겠습니다.

```
public_park = pd.DataFrame(data['response']['body']['items'])
public_park
```

response → body → items 순서로 JSON을 설정하고 이를 pd.DataFrame() 함수를 사용해 데이터 프레임으로 변환합니다.

man age No	park Nm	park Se	rdnm adr	lnm adr	lati tude	longi tude	park Ar	mvm Fclty	ams mt Fclty	cnv nnc Fclty	cltr Fclty	etc Fclty	appn Ntfc Date	insti tution Nm	phone Num ber	refere nce Date	instt Code
471 90- 00 127	백현 체육 공원	체육 공원		경상 북도 구미 시 산동 면 백 현리 79	36. 186 42 933	128. 478 490 7	909 67									2022 -06 -09	508 00 00 00

1개의 샘플 데이터를 확인해 보았으니 이제 1,000개씩 17번 반복 작업하여 데이터를 수집해 보도록 하겠습니다. numOfRows는 1,000으로 지정하고, total이라는 데이터 프레임에 누적 하는 작업을 진행해 최종 결과를 얻습니다.

```python
total = pd.DataFrame()
for i in range(total_page_no):
    i = i + 1
    print(i)
    params = "?" + \
            "ServiceKey=" + api_key + "&" + \
            "pageNo=" + str(i) + "&" + \
            "numOfRows=" + "1000" + "&" + \
            "type=" + 'json'

    # 요청변수 파라미터 설정
    response = urllib.request.urlopen(url + params)
    response_message = response.read().decode('utf8')

    data = json.loads(response_message)

    public_park= pd.DataFrame(data['response']['body']['items'])

    total = pd.concat([total, public_park])
```

이렇게 total 데이터가 생성되었습니다. 칼럼명을 지정해 주도록 하겠습니다. 칼럼명은 다음 코드를 통해 지정합니다.

```
columns_nm = ['관리번호', '공원명', '공원구분', '소재지도로명주소', '소재지지번주소', '위도',
'경도', '공원면적', '공원보유시설(운동시설)', '공원보유시설(유희시설)', '공원보유시설(편익시설)',
'공원보유시설(교양시설)', '공원보유시설(기타시설)', '지정고시일', '관리기관명', '전화번호',
'데이터기준일자', '제공기관코드']

total.columns = columns_nm
total
```

다음과 같이 데이터에 칼럼명이 지정되었습니다.

관리번호	공원명	공원구분	소재지도로명주소	소재지지번주소	위도	경도	공원면적	공원보유시설(운동시설)	공원보유시설(유희시설)	공원보유시설(편익시설)	공원보유시설(교양시설)	공원보유시설(기타시설)	지정고시일	관리기관명	전화번호	데이터기준일자	제공기관코드
44133-000035	양지10길공원(성정11)	어린이공원		충청남도 천안시 서북구 성정1동 746-6	37.424081	127.839591	1654	게이트볼장					1981-04-11	충청남도 천안시청	041-521-2723	2022-03-30	6440000
44133-000003	두정오성공원(두정6)	어린이공원		충청남도 천안시 서북구 두정동 681	36.832637	127.130357	1509	농구장					1994-12-07	충청남도 천안시청	041-521-2723	2022-03-30	6440000
44133-000085	제4호근린공원	근린공원		충청남도 천안시 서북구 직산읍 신갈리 244	36.863116	127.114459	18450	농구장					2004-06-24	충청남도 천안시청	041-521-2723	2022-03-30	6440000
44133-000086	산동공원	소공원		충청남도 천안시 서북구 차암동 439	36.842559	127.104032	600						2011-07-20	충청남도 천안시청	041-521-2723	2022-03-30	6440000

관리번호	공원명	공원구분	소재지도로명주소	소재지지번주소	위도	경도	공원면적	공원보유시설(운동시설)	공원보유시설(유회시설)	공원보유시설(편익시설)	공원보유시설(교양시설)	공원보유시설(기타시설)	지정고시일	관리기관명	전화번호	데이터기준일자	제공기관코드
44133-000087	차암밤개울공원(밤개울)	어린이공원		충청남도 천안시 서북구 차암동 495	36.839799	127.101788	1759		조합놀이대				2009-01-07	충청남도 천안시청	041-521-2723	2022-03-30	64400000
...	...	...	...	...	...	...	...	...	...	...	...	...	...	...	...	...	...
44180-000039	오랏공원	어린이공원		충청남도 보령시 동대동 1607	36.348581	126.608418	3401	농구장+운동시설(7종)	조합놀이대+흔들놀이기구	정자+파고라의자+화장실			1986-12-03	충청남도 보령시청	041-930-4086	2022-03-30	64400000
44180-000030	샛별공원	어린이공원		충청남도 보령시 동대동 1757	36.3475619	126.604487	2338	운동시설(4종)	조합놀이대	파고라+의자+화장실			1993-04-07	충청남도 보령시청	041-930-4086	2022-03-30	64400000
44180-000010	동대2공원	근린공원		충청남도 보령시 동대동 319-34	36.351672	126.613315	9921	농구장		정자			1995-08-08	충청남도 보령시청	041-930-4086	2022-03-30	64400000
44180-000048	한성필공원	어린이공원		충청남도 보령시 동대동 1971	36.35119229	126.6160855	2367		조합놀이대+시소+그네	정자			1986-12-03	충청남도 보령시청	041-930-4086	2022-03-30	64400000

관리번호	공원명	공원구분	소재지도로명주소	소재지지번주소	위도	경도	공원면적	공원보유시설(운동시설)	공원보유시설(유희시설)	공원보유시설(편익시설)	공원보유시설(교양시설)	공원보유시설(기타시설)	지정고시일	관리기관명	전화번호	데이터기준일자	제공기관코드
44180-00011	동대공원	근린공원		충청남도 보령시 동대동 1968	36.34736502	126.6113682	12157	풋살장	바닥분수+조합놀이대+흔들놀이기구	파고라+의자			1986-12-03	충청남도 보령시청	041-930-4086	2022-03-30	64400000

이제 데이터를 저장하고 넘어가도록 하겠습니다. 0_data 폴더 경로에 public_park.csv로 저장합니다.

```
file_name = "0_data/public_park.csv"
total.to_csv(file_name, index = False)
```

이렇게 전국의 도시공원정보표준데이터 수집을 마무리했습니다. 현재 데이터 수집 경로는 다음과 같습니다.

📁 real_estate_dashboard	....	프로젝트의 메인 디렉토리(폴더)
📁 0_data	....	공공데이터 저장용도
📄 KIKmix.20220901.xlsx	....	법정동 행정동 코드 원본
📄 legal_code.csv	....	법정동 행정동 코드
📄 cencus_202205.csv	....	행정구역에 따른 인구
📄 public_park.csv	....	도시공원정보표준데이터
📁 molit	....	국토교통부 실거래가

정제되지 않은 데이터 다듬기
#데이터 전처리

## 05

부동산 실거래가에서 직면한 에러를 떠올릴 수 있습니다. 실제로 공공데이터를 수집하고 제대로 활용하기까지 무수히 많은 전처리와 그에 따른 에러를 마주하게 될 것입니다. 지금부터 하나씩 수집한 데이터에 대해 전처리하며 에러가 등장할 땐 그 해결법까지 하나씩 살펴보도록 하겠습니다.

5.1 부동산 데이터 전처리

국토교통부의 데이터를 전처리해 보도록 하겠습니다.

5.1.1 법정동 및 지리 정보 데이터

법정동 데이터와 지리 정보 데이터에 대한 처리를 먼저 진행해 봅시다. 1_notebook 폴더에 cleaning 폴더를 생성하고 molit_data_cleaning.ipynb 파일을 만듭니다. 지금까지의 파일 구성은 다음과 같습니다.

그리고 코드에서 필요한 라이브러리를 불러오고 경로를 만듭니다. 항상 경로는 real_esatate_dashboard 폴더로 지정하겠습니다. 여기서 처음 등장한 glob 라이브러리는 파이썬에서 경로 내 파일 리스트를 찾아 주는 기능을 담고 있습니다.

```
import pandas as pd
import os
import  geopandas as gpd
import  glob

os.chdir("/home/ubuntu/real_estate_dashboard")
print(os.getcwd())

/home/ubuntu/real_estate_dashboard
```

이제 필요한 데이터를 만들고자 데이터를 하나씩 불러오겠습니다. 먼저 법정동코드인 legal_info_b와, 지리 데이터인 geoservice/emd.shp를 불러오도록 하겠습니다. 법정동 데이터와 지리 데이터의 법정동코드를 연결하기 위해 두 데이터의 법정동코드 끝자리 2개를 00으로 변경해야 합니다. 우선 logal_info.csv를 불러옵니다.

```
legal_info_b = pd.read_csv("0_data/legal_info_b.csv")
legal_info_b = legal_info_b.astype({'법정동코드':'str',
```

```
                                          '법정동시군구코드':'str',
                                          '법정동읍면동코드':'str'})

legal_info_b['법정동코드_2'] = legal_info_b['법정동코드'].str[:8] + '00'

legal_info_b.head()
```

데이터를 불러온 후 법정동코드, 법정동시군구코드, 법정동읍면동코드의 자료형을 str로 변경했습니다. 그리고 법정동코드_2라는 칼럼을 새로 추가합니다. 이는 법정동코드 끝자리 2개를 00으로 변경한 데이터를 담기 위함입니다. 이후 이를 사용해 지리 정보 데이터와 연결할 것입니다.

법정동코드	시도명	시군구명	읍면동명	동리명	법정동시군구코드	법정동읍면동코드	주소	법정동코드_2
1111010100	서울특별시	종로구	청운동	NaN	11110	10100	서울특별시 종로구 청운동	1111010100
1111010200	서울특별시	종로구	신교동	NaN	11110	10200	서울특별시 종로구 신교동	1111010200
1111010300	서울특별시	종로구	궁정동	NaN	11110	10300	서울특별시 종로구 궁정동	1111010300
1111010400	서울특별시	종로구	효자동	NaN	11110	10400	서울특별시 종로구 효자동	1111010400
1111010500	서울특별시	종로구	창성동	NaN	11110	10500	서울특별시 종로구 창성동	1111010500

이번에는 지리 정보 데이터를 확인해 보도록 하겠습니다. 지리 정보의 경우 앞서 시각화 테스트를 진행했던 방식과 같습니다. 필요한 정보는 법정동코드_2와, geometry 칼럼이므로 두 가지만 추출하도록 하겠습니다. 이 책에서 지리 정보는 * 표시로 정보를 숨겨 놓았습니다.

```
geo_data = gpd.read_file('0_data/geoservice/emd.shp', dtype={'EMD_CD':object},
encoding='utf-8')
geo_data['EMD_CD'] = geo_data['EMD_CD'] + "00"
geo_data['EMD_KOR_NM'] = geo_data['EMD_KOR_NM'].str.decode('euc-kr')

geo_data.rename(columns = {'EMD_CD':'법정동코드_2'}, inplace=True)
geo_data= geo_data.astype({'법정동코드_2':'str'})
geo_data= geo_data[['법정동코드_2', 'geometry']]

geo_data.head()
```

법정동코드_2	geometry
1111010100	POLYGON ((******.*** *******.****, ******.**** ...
1111010200	POLYGON ((******.*** *******.****, ******.**** ...
1111010300	POLYGON ((******.*** *******.****, ******.**** ...
1111010400	POLYGON ((******.*** *******.****, ******.**** ...
1111010500	POLYGON ((******.*** *******.****, ******.**** ...

이제 데이터를 연결해 보도록 하겠습니다. 먼저 그림을 통해 개념을 이해합시다.

쇼핑몰 데이터를 예로 생각해 봅시다. 하나는 id에 따른 회원 이름이고, 하나는 id에 따른 지난달 구매 금액입니다. 이제 이를 id를 기준으로 병합해 표현하려고 합니다.

id	이름
101	이주현
102	최수원
103	김수현
104	김지원

id	구매금액
104	10만원
102	2만원
101	4만원

방법은 다음과 같습니다. 왼쪽 테이블의 id에 따라 오른쪽 테이블의 id를 매치하여 하나의 테이블로 합칠 수 있겠습니다. 이러한 과정을 외부 결합 중 LEFT JOIN이라고 합니다.

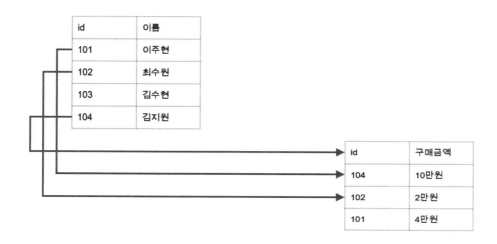

이렇게 데이터가 매치되면 다음과 같은 최종 결과를 얻을 수 있습니다.

id	이름	구매금액
101	이주현	4만원
102	최수원	2만원
103	김수현	
104	김지원	10만원

이를 기반으로 앞서 수집한 데이터를 LEFT JOIN해 봅시다. 우선 legal_info_b의 법정동코드_2와 geo_data의 법정동코드_2를 매치시키고, 이를 연결해 하나의 테이블에서 주소와 geometry 칼럼을 모두 보려고 합니다. 이를 위해 직전 단계에서 법정동코드_2 칼럼으로 법정동코드를 맞춘 것입니다.

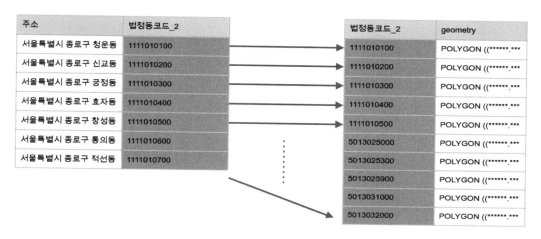

이제 직접 코드로 실행해 보겠습니다.

```
legal_geo_info = pd.merge(legal_info_b, geo_data,
                          on = "법정동코드_2",
                          how = 'left')

legal_geo_info.head(3).T
```

on 옵션으로 매치할 칼럼을 지정하고, how 옵션으로는 방향을 지정합니다. '법정동코드_2'
를 기준으로 LEFT JOIN하므로 left로 지정합니다.

	0	1	2
법정동코드	1111010100	1111010200	1111010300
시도명	서울특별시	서울특별시	서울특별시

	0	1	2
시군구명	종로구	종로구	종로구
읍면동명	청운동	신교동	궁정동
동리명	NaN	NaN	NaN
법정동시군구코드	11110	11110	11110
법정동읍면동코드	10100	10200	10300
주소	서울특별시 종로구 청운동	서울특별시 종로구 신교동	서울특별시 종로구 궁정동
법정동코드_2	1111010100	1111010200	1111010300
geometry	POLYGON ((******.*** ******.****, ******.**** ...	POLYGON ((******.*** ******.****, ******.**** ...	POLYGON ((******.*** ******.****, ******.**** ...

이렇게 legal_info_b와 legal_data를 통해 legal_geo_info라는 테이블이 생성되었습니다. 이제 수집한 아파트 데이터에 대해 각각의 주소와 geometry 칼럼을 붙여 주도록 하겠습니다. 앞으로도 역시 pd.merge() 함수를 사용할 것입니다. 먼저 필요한 데이터만 추려 놓겠습니다.

```
# key: 법정동코드
legal_geo_info_2 = legal_geo_info[['법정동코드','시도명', '시군구명','동리명',
'geometry']].drop_duplicates()

# key: 법정동시군구코드
legal_geo_info_3 = legal_geo_info[['법정동시군구코드','시도명', '시군구명']].drop_
duplicates()

# key: 주소
legal_geo_info_4 = legal_geo_info[['주소', '법정동코드', '법정동읍면동코드',
'geometry']].drop_duplicates()
```

앞으로 8가지 데이터에 대해서 병합을 진행하게 될 텐데 각 데이터에 따라 필요한 키 값이 다르니, 이 점 유의합시다.

5.1.2 아파트 실거래 매매 데이터

아파트 실거래 매매 데이터를 처리하겠습니다. 우선 8가지 데이터를 모두 불러옵니다. pd.read_csv() 함수를 사용했으며, 옵션으로 thousands= r','을 사용해 천 단위의 콤마를 모두 제거합니다.

```
# 아파트 매매 실거래
apt_trade = pd.read_csv("0_data/molit/apt_trade/apt_trade_202101.csv",
thousands=r',')
# 아파트 전월세
apt_rent = pd.read_csv("0_data/molit/apt_rent/apt_rent_202101.csv",
thousands=r',')

# 연립다세대 매매 실거래
rh_trade = pd.read_csv("0_data/molit/rh_trade/rh_trade_202101.csv",
thousands=r',')
# 연립다세대 전월세
rh_rent = pd.read_csv("0_data/molit/rh_rent/rh_rent_202101.csv", thousands=r',')

# 단독/다가구 매매 실거래
sh_trade = pd.read_csv("0_data/molit/sh_trade/sh_trade_202101.csv",
thousands=r',')
# 단독/다가구 전월세
sh_rent = pd.read_csv("0_data/molit/sh_rent/sh_rent_202101.csv", thousands=r',')

# 오피스텔 매매 실거래
offi_trade = pd.read_csv("0_data/molit/offi_trade/offi_trade_202101.csv",
thousands=r',')
# 오피스텔 전월세
offi_rent = pd.read_csv("0_data/molit/offi_rent/offi_rent_202101.csv",
thousands=r',')
```

이제 아파트 실거래 매매 데이터를 확인해 보도록 하겠습니다.

```
apt_trade.head(3).T
```

다음과 같은 결과를 확인할 수 있습니다.

	0	1	2
거래금액	130000	150000	175000
거래유형			
건축연도	2000	2008	2004
년	2021	2021	2021
도로명	자하문로33길	경희궁길	사직로8길
도로명건물본번호코드	43	57	24
도로명건물부번호코드	0	0	0
도로명시군구코드	11110	11110	11110
도로명일련번호코드	1	1	5
도로명지상지하코드	0	0	0
도로명코드	4100285	4100010	4100135
법정동	청운동	사직동	내수동
법정동본번코드	56	9	71
법정동부번코드	45	1	0
법정동시군구코드	11110	11110	11110
법정동읍면동코드	10100	11500	11800
법정동지번코드	1	1	1
아파트	청운현대	광화문스페이스본(106동)	경희궁의아침2단지
월	1	1	1
일	14	7	15
일련번호	11110-4	11110-2204	11110-115
전용면적	129.76	144.52	174.55
중개사소재지			
지번	56-45	9-1	71
지역코드	11110	11110	11110
층	2	6	4

법정동시군구코드와 법정동읍면동코드는 있는데 법정동코드가 없습니다. legal_geo_info의 키 값이 법정동코드기에 이를 가져와야 합니다.

astype() 메서드를 사용해 법정동시군구코드와 법정동읍면동코드의 자료형을 str로 변환하고 법정동코드로 합쳐 줍니다.

```
apt_trade['법정동코드'] = apt_trade['법정동시군구코드'].astype(str) + apt_trade['법정동
읍면동코드'].astype(str)
apt_trade= apt_trade[['거래금액', '거래유형', '건축연도', '전용면적', '법정동','법정동코드',
'아파트', '층', '년', '월', '일']]

apt_trade.head(3).T
```

필요한 데이터만 추려 보니 다음과 같은 결과를 얻었습니다.

	0	1	2
거래금액	130000	150000	175000
거래유형			
건축연도	2000	2008	2004
전용면적	129.76	144.52	174.55
법정동	청운동	사직동	내수동
법정동코드	1111010100	1111011500	1111011800
아파트	청운현대	광화문스페이스본(106동)	경희궁의아침2단지
층	2	6	4
년	2021	2021	2021
월	1	1	1
일	14	7	15

칼럼을 짧게 줄였고 법정동코드를 얻었습니다. 이제야 병합할 준비가 완료되었습니다. 이제 apt_trade와 legal_geo_info_2 데이터를 병합합니다.

```
apt_trade_final = pd.merge(apt_trade, legal_geo_info_2,
                           on = "법정동코드",
                           how = 'left')

apt_trade_final.head()
```

pd.merge() 함수를 사용하고, 키 값은 법정동코드이니 on = "법정동코드" 옵션을 줍니다. 그리고 LEFT JOIN을 의미하는 how = 'left' 옵션을 사용합니다. 직전까지 apt_trade로 계속 덧붙여서 사용했지만, 주피터에서 같은 코드를 반복하면 칼럼이 계속 늘어나기 때문에 여기 부터는 apt_trade_final 변수를 사용합니다.

만약 apt_trade 변수를 그대로 사용해 pe.merge()를 여러 번 실행하면 다음과 같이 같은 칼럼이 계속 추가되는 불상사를 겪을 수 있습니다.

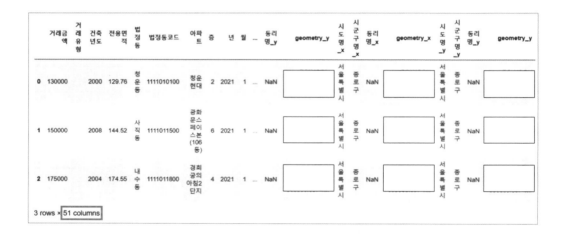

이제 자료형을 변경해 보겠습니다. 다음과 같이 apt_trade_final.astype을 통해 자료형을 변경해 주겠습니다. 그리고 최종적으로 apt_trade_final.dtypes를 통해 변경된 자료형을 확인하고 마무리하겠습니다.

```
apt_trade_final = apt_trade_final.astype({
    '거래금액':'int',
    '거래유형':'object',
    '건축연도':'int',
```

```
    '전용면적':'float',
    '법정동':'object',
    '법정동코드':'object',
    '아파트':'object',
    '층':'int',
    '년':'int',
    '월':'int',
    '일':'int',
    '시도명': 'object',
    '시군구명': 'object',
    '동리명': 'object',
    'geometry': 'geometry',
})


apt_trade_final.dtypes'
```

```
거래금액              int64
거래유형              object
건축연도              object
전용면적              float64
법정동               object
법정동코드             object
아파트               object
층                 int64
년                 int64
월                 int64
일                 int64
시도명               object
시군구명              object
동리명               object
geometry       geometry
dtype: object
```

5.1.3 아파트 전월세 데이터

아파트 실거래 매매 데이터는 법정동코드가 포함되어 있어서 편리하게 병합할 수 있었습니다. 이번에는 아파트 전월세 데이터를 전처리해 보도록 하겠습니다.

```
apt_rent.head(3).T
```

데이터를 살펴보면 다음과 같습니다.

	0	1	2
갱신요구권사용			
건축연도	2008	2008	2008
계약구분			
계약기간			
년	2021	2021	2021
법정동	사직동	사직동	사직동
보증금액	20000	3000	50000
아파트	광화문스페이스본 (106동)	광화문스페이스본 (101동~105동)	광화문스페이스본 (101동~105동)
월	1	1	1
월세금액	280	300	150
일	5	7	9
전용면적	150.4	94.51	108.55
종전계약보증금			
종전계약월세			
지번	9-1	9	9
지역코드	11110	11110	11110
층	5	9	1

10자리의 법정동코드가 없습니다. 법정동시군구코드를 의미하는 지역코드만 있습니다. 기존의 방식이 아닌 다른 대안을 찾아야 합니다. 데이터 분석을 할 때 공공데이터뿐만 아니라 어떤 데이터를 사용하더라도 목적에 따라 추가 가공이 필요할 수 있습니다.

— Step 1

다행히도 법정동시군구코드를 의미하는 지역코드와 법정동읍면동코드에 매치되는 법정동 칼럼이 존재합니다. 따라서 우선 apt_rent와 legal_geo_info_3을 법정동시군구코드를 기준으로 병합을 진행합니다. 새롭게 생성된 apt_rent_2에 시도명과 시군구명 칼럼을 얻을 수 있습니다.

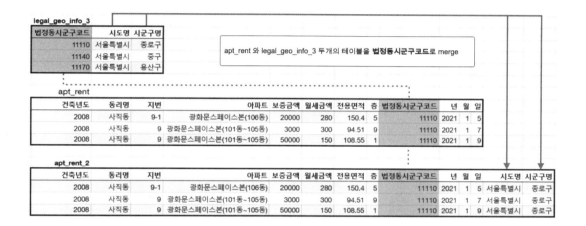

— Step 2

이제 시도명, 시군구명, 동리명을 합쳐서 주소라는 칼럼을 새로 만들어 주도록 합니다.

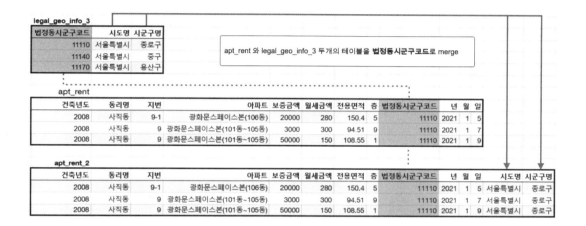

— Step 3

이렇게 주소를 얻었고, legal_geo_info_4에서 주소를 확보해 두었습니다. 이제 apt_rent_2와 legal_geo_info_4를 주소를 기준으로 병합을 진행합니다. 최종적으로 apt_rent_3에 법정동 코드, 법정동읍면동코드, geometry 칼럼을 얻을 수 있습니다.

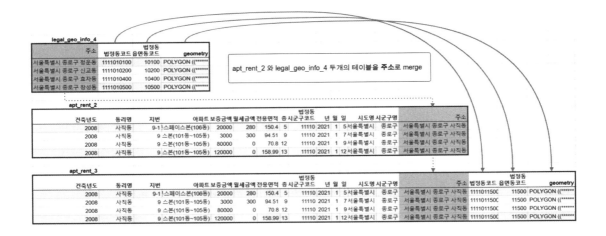

흐름을 이해했다면, 코드로 작성해 봅시다. 다음은 Step 1에 해당하는 코드입니다. apt_rent 의 경우 필요한 데이터만 추출하도록 하겠습니다.

```
apt_rent = apt_rent[['건축연도', '법정동', '지번', '아파트', '보증금액', '월세금액',
'전용면적', '층', '지역코드', '년', '월', '일']]

apt_rent.rename(columns = {'지역코드':'법정동시군구코드'}, inplace=True)
apt_rent.rename(columns = {'법정동':'동리명'}, inplace=True)

apt_rent = apt_rent[apt_rent['건축연도'].notnull()]
apt_rent = apt_rent.astype({'법정동시군구코드':'str',
                            '건축연도':'int'})

apt_rent_2 = pd.merge(apt_rent, legal_geo_info_3,
                on = ['법정동시군구코드'],
                how = 'left')
```

지역코드는 법정동시군구코드로, 법정동은 동리명으로 칼럼을 변경합니다. 추가로 건축연도가 드문드문 비어 있습니다. 따라서 건축연도 역시 빈 부분은 제거합니다.

다음은 Step 2에 해당하는 코드입니다. 시도명, 시군구명, 동리명을 주소로 문자열 결합을 진행합니다.

```
apt_rent_2['시도명'] = apt_rent_2['시도명'].str.strip()
apt_rent_2['시군구명'] = apt_rent_2['시군구명'].str.strip()
apt_rent_2['동리명'] = apt_rent_2['동리명'].str.strip()

apt_rent_2['주소'] = apt_rent_2['시도명'] + " " + apt_rent_2['시군구명'] + " "
+ apt_rent_2['동리명']
```

여기서 시도명, 시군구명, 동리명 각각에 str.strip() 메서드를 사용한 이유는 양쪽 공백을 제거하기 위함입니다. 이를 진행하지 않으면 주소 사이 공백이 통일되지 않을 수 있습니다.

마지막으로 Step 3에 해당하는 코드입니다. apt_rent_2와 legal_geo_info_4의 주소 칼럼을 키 값으로 채우고 LEFT JOIN을 진행합니다.

```
apt_rent_3 = pd.merge(apt_rent_2, legal_geo_info_4,
                      on = ['주소'],
                      how = 'left')
```

최종적으로 apt_rent_3 데이터를 만들었습니다. 병합이 잘되었는지 확인해 보겠습니다. 다음은 법정동코드에 NaN 값이 있는지 확인하는 코드입니다.

```
apt_rent_3[apt_rent_3['법정동코드'].isnull()]
```

연결이 잘 안 된 부분이 있습니다. 원인을 파악할 필요가 있겠습니다.

건축연도	동리명	지번	아파트	보증금액	월세금액	전용면적	층	법정동시군구코드	년	월	일	시도명	시군구명	주소	법정동코드	법정동읍면동코드	geometry
2017	소담동	598	새샘마을5단지(한양수자인엘시티)	20000	0	59.4544	8	36110	2021	1	20	세종특별자치시	NaN	NaN	NaN	NaN	None

건축연도	동리명	지번	아파트	보증금액	월세금액	전용면적	층	법정동시군구코드	년	월	일	시도명	시군구명	주소	법정동코드	법정동읍면동코드	geometry
2017	소담동	598	새샘마을5단지(한양수자인엘시티)	18000	0	84.6347	17	36110	2021	1	22	세종특별자치시	NaN	NaN	NaN	NaN	None
2017	소담동	598	새샘마을5단지(한양수자인엘시티)	2000	70	59.4544	11	36110	2021	1	27	세종특별자치시	NaN	NaN	NaN	NaN	None
2016	소담동	521	새샘마을9단지(중흥S클래스리버뷰)	37000	0	84.9779	15	36110	2021	1	28	세종특별자치시	NaN	NaN	NaN	NaN	None
2017	보람동	783	호려울마을5단지(제일풍경채)	40000	0	99.986	10	36110	2021	1	2	세종특별자치시	NaN	NaN	NaN	NaN	None
...	...	...	...	...	...	...	...	...	...	...	...	...	...	...	...	...	...
2020	북문로3가동	123	청주행정타운코아루휴티스	29000	0	84.6871	34	43111	2021	1	30	충청북도	청주시 상당구	충청북도 청주시 상당구 북문로3가동	NaN	NaN	None

건축 연도	동리 명	지번	아파트	보증금 액	월세 금액	전용 면적	층	법정 동시 군구 코드	년	월	일	시도 명	시군 구명	주소	법정 동코 드	법정 동읍 면동 코드	geom etry
2020	북문 로3 가동	123	청주 행정 타운 코아 루휴 티스	250 00	0	84.6 871	9	431 11	2021	1	30	충청 북도	청주 시 상 당구	충청 북도 청주 시 상 당구 북문 로3 가동	NaN	NaN	None
2020	북문 로3 가동	123	청주 행정 타운 코아 루휴 티스	250 00	0	84.6 871	47	431 11	2021	1	31	충청 북도	청주 시 상 당구	충청 북도 청주 시 상 당구 북문 로3 가동	NaN	NaN	None
2016	남문 로1가 동	53	트레 비앙	1000	30	22.5 4	9	431 11	2021	1	20	충청 북도	청주 시 상 당구	충청 북도 청주 시 상 당구 남문 로1가 동	NaN	NaN	None
2016	남문 로1가 동	53	트레 비앙	1500	25	25.2	6	431 11	2021	1	21	충청 북도	청주 시 상 당구	충청 북도 청주 시 상 당구 남문 로1가 동	NaN	NaN	None

법정동코드가 NaN인 부분을 주소, 시도명 칼럼만 추려서 원인을 찾아보도록 하겠습니다.

```
apt_rent_3[apt_rent_3['법정동코드'].isnull()][['주소', '시도명']].drop_duplicates()
```

다음과 같이 세종특별자치시와 충청북도의 북문로2가동, 3가동 남문로1가동이 문제임을 알수 있습니다.

주소	시도명
NaN	세종특별자치시
충청북도 청주시 상당구 북문로2가동	충청북도
충청북도 청주시 상당구 북문로3가동	충청북도
충청북도 청주시 상당구 남문로1가동	충청북도

해당 지역 데이터에 어떤 문제가 있는지 살펴보겠습니다. 이를 해결하지 않은 상태에서 전처리를 진행하게 되면 더 복잡한 과정을 거치게 될 것입니다.

우선 세종특별자치시 데이터를 먼저 파악해 보겠습니다. 세종특별자치시의 법정동시군구코드는 36110입니다.

```
apt_rent_3[apt_rent_3['법정동시군구코드'] == '36110'].head(10)
```

법정동시군구코드로 필터하여 결과를 확인해 봅니다.

건축년도	동리명	지번	아파트	보증금액	월세금액	전용면적	층	법정동시군구코드	년	월	일	시도명	시군구명	주소	법정동코드	법정동읍면동코드	geometry
2017	소담동	598	새샘마을5단지(한양수자인엘시티)	20000	0	59.4544	8	36110	2021	1	20	세종특별자치시	NaN	NaN	NaN	NaN	None
2017	소담동	598	새샘마을5단지(한양수자인엘시티)	18000	0	84.6347	17	36110	2021	1	22	세종특별자치시	NaN	NaN	NaN	NaN	None
2017	소담동	598	새샘마을5단지(한양수자인엘시티)	2000	70	59.4544	11	36110	2021	1	27	세종특별자치시	NaN	NaN	NaN	NaN	None
2016	소담동	521	새샘마을9단지(중흥S클래스리버뷰)	37000	0	84.9779	15	36110	2021	1	28	세종특별자치시	NaN	NaN	NaN	NaN	None
2017	보람동	783	호려울마을5단지(제일풍경채)	40000	0	99.986	10	36110	2021	1	2	세종특별자치시	NaN	NaN	NaN	NaN	None

세종특별자치시는 시도명, 시군구명, 동리면으로 주소를 생성할 수가 없는 구조군요. 시군구명이 NaN이므로 이 부분을 처리할 필요가 있겠습니다. apt_rent_2에서 주소를 생성할 때 기억하나요? 다음 코드를 삽입하면 해결되는 문제였습니다.

```
apt_rent_2['시도명'] = apt_rent_2['시도명'].str.strip()
apt_rent_2['시군구명'] = apt_rent_2['시군구명'].str.strip()
apt_rent_2['동리명'] = apt_rent_2['동리명'].str.strip()

apt_rent_2 = apt_rent_2.where(pd.notnull(apt_rent_2), '')

apt_rent_2['주소'] = apt_rent_2['시도명'] + " " + apt_rent_2['시군구명'] + " "
+ apt_rent_2['동리명']

apt_rent_2['주소'] = apt_rent_2['주소'].str.replace('  ', ' ')
apt_rent_2['주소'] = apt_rent_2['주소'].str.strip()
```

이제 해당 코드를 삽입해 문제를 해결해 봅시다. 이처럼 데이터 전처리하고 분석을 진행할 때는 여러 가지의 상황을 해결할 수 있어야 합니다.

자, 그럼 세종특별자치시에 대한 문제는 해결되었습니다. 이제 추가로 충청북도의 청주시 상당구 데이터 전처리를 해 보도록 하겠습니다.

데이터에 있는 '북문로2가동'이라는 지명이 실제로 존재하지 않기 때문에 발생한 문제였습니다. 이를 replace 메서드를 사용해 '북문로2가'로 치환합니다.

```
apt_rent_2 = apt_rent_2.replace('충청북도 청주시 상당구 북문로2가동',
'충청북도 청주시 상당구 북문로2가')
apt_rent_2 = apt_rent_2.replace('충청북도 청주시 상당구 북문로3가동',
'충청북도 청주시 상당구 북문로3가')
apt_rent_2 = apt_rent_2.replace('충청북도 청주시 상당구 남문로1가동',
'충청북도 청주시 상당구 남문로1가')
```

▶ 최종 코드

따라서 최종 코드는 다음과 같습니다.

```
apt_rent = pd.read_csv("0_data/molit/apt_rent/apt_rent_202101.csv",
thousands=r',')
apt_rent = apt_rent[['건축연도', '법정동', '지번','아파트','보증금액','월세금액',
'전용면적','층','지역코드','년','월','일']]
```

```
apt_rent.rename(columns = {'지역코드':'법정동시군구코드'}, inplace=True)
apt_rent.rename(columns = {'법정동':'동리명'}, inplace=True)

apt_rent = apt_rent[apt_rent['건축연도'].notnull()]
apt_rent = apt_rent.astype({'법정동시군구코드':'str',
                            '건축연도':'int'})

apt_rent_2 = pd.merge(apt_rent, legal_geo_info_3,
                      on = ['법정동시군구코드'],
                      how = 'left')

apt_rent_2['시도명'] = apt_rent_2['시도명'].str.strip()
apt_rent_2['시군구명'] = apt_rent_2['시군구명'].str.strip()
apt_rent_2['동리명'] = apt_rent_2['동리명'].str.strip()

apt_rent_2 = apt_rent_2.where(pd.notnull(apt_rent_2), '')

apt_rent_2['주소'] = apt_rent_2['시도명'] + " " + apt_rent_2['시군구명'] + " "
+ apt_rent_2['동리명']

apt_rent_2['주소'] = apt_rent_2['주소'].str.replace('  ', ' ')
apt_rent_2['주소'] = apt_rent_2['주소'].str.strip()

apt_rent_2 = apt_rent_2.replace('충청북도 청주시 상당구 북문로2가동',
'충청북도 청주시 상당구 북문로2가')
apt_rent_2 = apt_rent_2.replace('충청북도 청주시 상당구 북문로3가동',
'충청북도 청주시 상당구 북문로3가')
apt_rent_2 = apt_rent_2.replace('충청북도 청주시 상당구 남문로1가동',
'충청북도 청주시 상당구 남문로1가')

apt_rent_3 = pd.merge(apt_rent_2, legal_geo_info_4,
                      on = ['주소'],
                      how = 'left')
```

이렇게 아파트 실거래, 전월세 데이터에 대한 전처리를 마무리했습니다. 이제 연립다세대, 단독/다가구, 오피스텔 데이터에 대해서 처리를 진행해 보도록 하겠습니다. 그전에 각 데이터의 칼럼을 확인해 보겠습니다.

```
print(sh_trade.columns)
print(sh_rent.columns)
print(rh_trade.columns)
print(rh_rent.columns)
print(offi_trade.columns)
print(offi_rent.columns)


Index(['거래금액', '거래유형', '건축연도', '년', '대지면적', '동리명', '연면적', '월', '일',
'주택유형',
       '중개사소재지', '지번', '법정동시군구코드', '해제사유발생일', '해제여부'],
      dtype='object')
Index(['갱신요구권사용', '건축연도', '계약구분', '계약기간', '년', '동리명', '보증금액',
'연립다세대', '월',
       '월세금액', '일', '종전계약보증금', '종전계약월세', '법정동시군구코드'],
      dtype='object')
Index(['거래금액', '거래유형', '건축연도', '년', '대지권면적', '동리명', '연립다세대', '월',
'일', '전용면적',
       '중개사소재지', '지번', '법정동시군구코드', '층', '해제사유발생일', '해제여부'],
      dtype='object')
Index(['갱신요구권사용', '건축연도', '계약구분', '계약기간', '년', '동리명', '보증금액',
'연립다세대', '월',
       '월세금액', '일', '전용면적', '종전계약보증금', '종전계약월세', '지번',
'법정동시군구코드', '층'],
      dtype='object')
Index(['거래금액', '거래유형', '건축연도', '년', '대지면적', '동리명', '연면적', '월', '일',
'주택유형',
       '중개사소재지', '지번', '법정동시군구코드', '해제사유발생일', '해제여부'],
      dtype='object')
Index(['갱신요구권사용', '건축연도', '계약구분', '계약기간', '년', '단지', '동리명',
'보증금', '시군구', '월',
       '일', '전용면적', '종전계약보증금', '종전계약월세', '지번', '법정동시군구코드', '층'],
dtype='object')
```

정말 다행입니다. 모든 데이터에 법정동코드 10자리는 없으며 동리명, 법정동시군구코드가
존재합니다. 아파트 실거래 매매 데이터처럼 법정동코드를 통해 손쉽게 처리할 수는 없지만,
나머지 7가지 데이터는 형식이 비슷하므로 하나의 함수로 만들어서 처리할 수 있겠습니다.

5.1.4 데이터 전처리 함수 생성

남은 7가지 데이터를 위해 전처리용 함수를 만들고 테스트해 보겠습니다. molit_data_cleaning()라는 함수를 정의하고 위의 아파트 코드를 넣어 주었습니다. 그러나 이는 아파트 실거래 매매 데이터에 대한 전처리는 처리할 수 없기에 if 문을 사용해 아파트 실거래 매매 데이터인지 아닌지 구분할 수 있어야 합니다.

```python
def molit_data_cleaning(df):

    # 아파트 실거래 매매 데이터 전처리
    if('법정동시군구코드' in df.columns):
        # 법정동시군구코드, 건축연도 자료형 변경
        df = df[df['건축연도'].notnull()]
        df = df.astype({'법정동시군구코드':'str',
                        '법정동읍면동코드':'str',
                        '건축연도':'int'})

        df['법정동코드'] = df['법정동시군구코드'] + df['법정동읍면동코드']
        df = df[['거래금액', '거래유형',
                 '건축연도', '전용면적',
                 '법정동', '법정동코드', '아파트','층',
                 '년', '월', '일']]

        df_final = pd.merge(df, legal_geo_info_2,
                            on = "법정동코드",
                            how = 'left')

    # 아파트 실거래 매매 제외 전부
    else:

        # 칼럼 이름 변경
        df.rename(columns = {'지역코드':'법정동시군구코드'}, inplace=True)
        df.rename(columns = {'법정동':'동리명'}, inplace=True)

        # 법정동시군구코드, 건축연도 자료형 변경
        df = df[df['건축연도'].notnull()]
        df = df.astype({'법정동시군구코드':'str',
                        '건축연도':'int'})

        # legal_geo_info_3과 병합
```

```python
    # 키 값 = 법정동시군구코드
    df = pd.merge(df, legal_geo_info_3,
                       on = ['법정동시군구코드'],
                       how = 'left')

    # 시도명, 시군구명, 동리명 양쪽 공백 제거
    df['시도명'] = df['시도명'].str.strip()
    df['시군구명'] = df['시군구명'].str.strip()
    df['동리명'] = df['동리명'].str.strip()

    # NA 길이 없는 문자열로 변경
    df = df.where(pd.notnull(df), '')

    # 시도명, 시군구명, 동리명을 합쳐서 주소 칼럼 추가
    df['주소'] = df['시도명'] + " " + \
                 df['시군구명'] + " " + \
                 df['동리명']

    # 주소칼럼에 공백 2개 있는 부분 1개로 변경
    # 주소의 양쪽 공백 제거
    df['주소'] = df['주소'].str.replace('  ', ' ')
    df['주소'] = df['주소'].str.strip()

    # 특별한 데이터 문자열 변경
    df = df.replace('충청북도 청주시 상당구 북문로2가동',
                    '충청북도 청주시 상당구 북문로2가')
    df = df.replace('충청북도 청주시 상당구 북문로3가동',
                    '충청북도 청주시 상당구 북문로3가')
    df = df.replace('충청북도 청주시 상당구 남문로1가동',
                    '충청북도 청주시 상당구 남문로1가')

    # legal_geo_info_4와 최종 병합. 키 값은 주소
    df_final = pd.merge(df, legal_geo_info_4,
                        on = ['주소'],
                        how = 'left')

return(df_final)
```

아파트 실거래 매매 데이터와 그 외 데이터를 구분하는 기준은 '법정동시군구코드'가 존재하는지 아닌지로 나눕니다. 따라서 if('법정동시군구코드' in df.columns)를 기준으로 아파트 실거래 매매 데이터인지 구분할 수 있게 되었습니다.

이제 8가지 데이터에 대해 에러가 발생하는지 확인하겠습니다. 우선 직전에 사용한 아파트 실거래 매매 데이터의 전처리 결과를 확인해 보도록 하겠습니다.

거래 금액	거래 유형	건축연도	전용면적	법정동	법정동코드	아파트	층	년	월	일	시도명	시군구명	동리명	geometry
130 000		2000	129.76	청운동	111101 0100	청운현대	2	2021	1	14	서울특별시	종로구	NaN	POLYGON ((*****.***** *******.** *****.**** .,,
150 000		2008	144.52	사직동	111101 1500	광화문스페이스본 (106동)	6	2021	1	7	서울특별시	종로구	NaN	POLYGON ((*****.***** *******.** *****.**** .,,
175 000		2004	174.55	내수동	111101 1800	경희궁의아침2단지	4	2021	1	15	서울특별시	종로구	NaN	POLYGON ((*****.***** *******.** *****.**** .,,

이제 molit_data_cleaning() 함수로 아파트 전월세 데이터를 전처리해 봅니다.

```
df_clean = molit_data_cleaning(apt_rent)

df_clean.head(3)
```

결과는 다음과 같습니다.

갱신요구권사용	건축연도	계약구분	계약기간	년	동리명	보증금액	아파트	월	월세금액	…	종전계약월세	지번	법정동시군구코드	층	시도명	시군구명	주소	법정동코드	법정동읍면동코드	geometry
	2008			2021	사직동	200 00	광화문스페이스본 (106동)	1	280	…		9 -1	11110	5	서울특별시	종로구	서울특별시 종로구 사직동	111 101 150 0	115 00	POLYGON ((*****.*****

갱신요구권사용	건축연도	계약구분	계약기간	년	동리명	보증금액	아파트	월	월세금액	…	종전계약월세	지번	법정동시군구코드	층	시도명	시군구명	주소	법정동시군구코드	법정동읍면동코드	geometry
**** ***. **,																				
*** **, ****																				
	2008			2021	사직동	3000	광화문스페이스본(101동~105동)	1	300	…		9	11110	9	서울특별시	종로구	서울특별시 종로구 사직동	1111011500	11500	POLYGON ((*****.*****
*** **** **,																				
*** **, ****																				
	2008			2021	사직동	50000	광화문스페이스본(101동~105동)	1	150	…		9	11110	1	서울특별시	종로구	서울특별시 종로구 사직동	1111011500	11500	POLYGON ((*****.*****
**** ***. **,																				
*** **, ****																				

연립다세대 실거래 매매 데이터를 전처리해 봅시다.

```
df_clean = molit_data_cleaning(rh_trade)

df_clean.head(3)
```

결과를 확인해 보도록 하겠습니다.

거래금액	거래유형	건축연도	년	대지권면적	동리명	연립다세대	월	일	전용면적	…	법정동시군구코드	층	해제사유발생일	해제여부	시도명	시군구명	주소	법정동코드	법정동읍면동코드	geometry
64000		2002	2021	51.36	청운동	해피빌	1	13	74.88	…	11110	2			서울특별시	종로구	서울특별시 종로구 청운동	1111 01 01 00	101 00	POLYGON ((*****.**** ******.**.**** .**
69000		2000	2021	57.43	청운동	청운빌라 B동	1	27	84.18	…	11110	3			서울특별시	종로구	서울특별시 종로구 청운동	1111 01 01 00	101 00	POLYGON ((*****.**** ******.**,**** .**
118000		1994	2021	91.366	청운동	청풍헌주택	1	31	142.14	…	11110	4			서울특별시	종로구	서울특별시 종로구 청운동	1111 01 01 00	101 00	POLYGON ((*****.**** ******.**,**** .**

연립 다세대 전월세 데이터를 전처리해 봅니다.

```
df_clean = molit_data_cleaning(rh_rent)

df_clean.head(3)
```

결과는 다음과 같습니다.

갱신요구권사용	건축연도	계약구분	계약기간	년	동리명	보증금액	연립다세대	월	세금액	...	종전계약월세	지번	법정동시군구코드	층	시도명	시군구명	주소	법정동코드	법정동읍면동코드	geometry
2010			2021	청운동	40000	효산빌리지	1	0	...		52-5	11110	3	서울특별시	종로구	서울특별시 종로구 청운동	1111010100	10100	POLYGON ((*****.**** ******.** **.**** ** ,.
2010			2021	청운동	38000	효산빌리지	1	0	...		52-5	11110	2	서울특별시	종로구	서울특별시 종로구 청운동	1111010100	10100	POLYGON ((*****.**** ******.** **.**** ** ,.
1991			2021	청운동	20000	우진빌딩	1	80	...		74-1	11110	4	서울특별시	종로구	서울특별시 종로구 청운동	1111010100	10100	POLYGON ((*****.**** ******.** **.**** ** ,.

단독/다가구 실거래 매매 데이터를 전처리해 봅니다.

```
df_clean = molit_data_cleaning(sh_trade)

df_clean.head(3)
```

결과는 다음과 같습니다.

거래 금액	거래 유형	건축 연도	년	대지 면적	동리 명	연면적	월	일	주택 유형	...	지번	법정 동시 군구 코드	해제 사유 발생 일	해제 여부	시도 명	시군 구명	주소	법정 동코 드	법정동 읍면동 코드	geometry
650 00		1984	2021	196. 4	신교 동	54. 91	1	19	단독	...	*	111 10			서울 특별 시	종로 구	서울특 별시 종로구 신교동	111101 0200	10200	POLYGON (((****.**** ******.** , ****.**
930 00		1935	2021	119	창성 동	59. 5	1	25	단독	...	9*	111 10			서울 특별 시	종로 구	서울특 별시 종로구 창성동	111101 0500	10500	POLYGON (((****.**** ******.** , ****.**
100 00 0		1999	2021	122. 3	체부 동	68. 79	1	25	단독	...	1**	111 10			서울 특별 시	종로 구	서울특 별시 종로구 체부동	111101 1200	11200	POLYGON (((****.**** ******.** , ****.**

단독/다가구 전월세 데이터를 전처리해 봅니다.

```
df_clean = molit_data_cleaning(sh_rent)

df_clean.head(3)
```

결과는 다음과 같습니다.

갱신요구권사용	건축연도	계약구분	계약기간	년	동리명	보증금액	연립다세대	월	세금액	일	종전계약보증금	종전계약월세	법정동시군구코드	시도명	시군구명	주소	법정동코드	법정동읍면동코드	geometry
	2019			2021	청운동	20000	1	0	22			11110	서울특별시	종로구	서울특별시 종로구 청운동	1111010100	10100	POLYGON (((*****.********* **,****.**
	1947		21.01~23.01	2021	청운동	200	1	30	26			11110	서울특별시	종로구	서울특별시 종로구 청운동	1111010100	10100	POLYGON (((*****.********* **,****.**
	1995			2021	신교동	1000	1	65	5			11110	서울특별시	종로구	서울특별시 종로구 신교동	1111010200	10200	POLYGON (((*****.********* **,****.**

같은 방식으로 오피스텔 실거래 매매 데이터를 전처리해 봅니다.

```
df_clean = molit_data_cleaning(offi_trade)

df_clean.head(3)
```

결과는 다음과 같습니다.

거래금액	거래유형	건축연도	년	대지면적	동리명	연면적	월	일	주택유형	...	지번	법정동시군구코드	해제사유발생일	해제여부	시도명	시군구명	주소	법정동코드	법정동읍면동코드	geometry
45000		1994	2021		내수동		1	5		...	167	11110			서울특별시	종로구	서울특별시 종로구 내수동	1111011800	11800	POLYGON (((****.**** ******.** .*, ****.**
27900		2004	2021		내수동		1	6		...	71	11110			서울특별시	종로구	서울특별시 종로구 내수동	1111011800	11800	POLYGON (((****.**** ******.** .*, ****.**
26500		2004	2021		내수동		1	9		...	71	11110			서울특별시	종로구	서울특별시 종로구 내수동	1111011800	11800	POLYGON (((****.**** ******.** .*, ****.**

마지막으로 오피스텔 전월세 데이터를 전처리해 봅니다.

```
df_clean = molit_data_cleaning(offi_rent)

df_clean.head(3)
```

결과는 다음과 같습니다.

갱신요구권사용	건축연도	계약구분	계약기간	년	단지	동리명	보증금	시군구	월	...	종전계약월세	지번	법정동시군구코드	층	시도명	시군구명	주소	법정동코드	법정동읍면동코드	geometry
	1998			2021	파크뷰타워	필운동	500	종로구	1	...		285-5	11110	10	서울특별시	종로구	서울특별시 종로구 필운동	11110 11300	11300	POLYGON ((***** **** ****** ** **** **
	2008			2021	광화문풍림스페이스본	사직동	28300	종로구	1	...		9	11110	6	서울특별시	종로구	서울특별시 종로구 사직동	11110 11500	11500	POLYGON ((***** **** ****** ** **** **
	2008			2021	광화문풍림스페이스본	사직동	32000	종로구	1	...		9	11110	9	서울특별시	종로구	서울특별시 종로구 사직동	11110 11500	11500	POLYGON ((***** **** ****** ** **** **

여기까지 국토교통부의 8가지 데이터에 대한 전처리를 진행해 보았습니다. 공공데이터의 특성상 예측 불가한 데이터를 만나게 될 수 있습니다. 항상 마음의 준비를 하고 언제 어떤 전처리가 필요할지 준비하는 게 좋겠습니다.

5.1.5 저장

이렇게 전처리를 통해 같은 형식의 데이터가 완성되었다면 이를 저장해야 합니다. 다음은 그동안 수집한 국토교통부의 모든 데이터의 전처리와 저장을 한 번에 완료하면 편리할 것 같습니다.

우선 0_data 폴더에 cleaning 폴더를 만들고 그 안에 또 molit 폴더를 생성합니다. 그리고 0_data/molit/apt_trade/apt_trade_202101.csv 경로에 있는 아파트 매매 실거래가의 전처리 결과를 확인하고 저장하도록 하겠습니다.

```
# 0_data/molit/apt_trade/apt_trade_202101.csv
apt_trade_test = molit_data_cleaning(apt_trade)
apt_trade_test.shape
(62614, 15)
```

총 62,614개의 행과 15개의 열로 이루어진 아주 작은 데이터입니다. 이제 이를 저장해 보도록 하겠습니다.

```
file_name = f'0_data/cleaning/molit/apt_trade_test.csv'
apt_trade_test.to_csv(file_name, index = False)
```

0_data/cleaning/molit 경로로 넘어가서 결과를 확인해 볼까요?

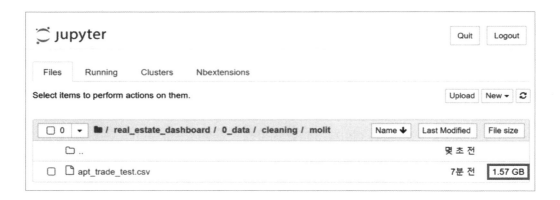

파일 크기가 1.57GB나 됩니다. 실제 apt_trade_202101.csv의 데이터는 고작 10.1MB인데 이게 전처리 후에 1.57GB로 증가했습니다. 왜 그럴까요? 저장한 데이터 중 geometry라는 칼럼이 지리 정보를 담고 있어 용량을 많이 차지하기 때문입니다. 이 geometry를 제거하고 다시 저장해 보도록 하겠습니다.

```
# 0_data/molit/apt_trade/apt_trade_202101.csv
apt_trade_test_rm_geometry = molit_data_cleaning(apt_trade)
apt_trade_test_rm_geometry = apt_trade_test_rm_geometry.drop(columns=['geometry'])

file_name = f'0_data/cleaning/molit/apt_trade_test_rm_geometry.csv'
apt_trade_test_rm_geometry.to_csv(file_name, index = False)
```

geometry 칼럼을 제거하니 파일 크기가 확실히 줄었습니다.

geometry 칼럼이 정말 용량을 많이 차지하고 있던 셈입니다. 그럼 어떻게 해야 할까요? 실제로 데이터 분석을 진행하는 상황이라면 가장 처음 전략을 세우는 단계부터 다시 진행해야합니다. 이 부분에 대한 최종 코드는 뒷부분에 남겨 놓도록 하겠습니다.

그럼에도 시행착오를 도서에 그대로 담은 이유는 문제 상황에 익숙해지고 해결하는 방식을 습득하도록 돕기 위함입니다.

문제 해결을 위해 geometry 칼럼을 제거하고 저장하도록 하겠습니다. 우선 CSV 형식으로 변환한 apt_trade_test.csv와 apt_trade_test_rm_geometry.csv는 제거하도록 하겠습니다.

5.1.6 geometry 칼럼 문제 해결

문제 해결 전략은 다음과 같습니다.

1. 수집한 모든 데이터 molit_data_cleaning() 함수를 통한 전처리
2. 전처리 후 geometry 칼럼을 제거하고 이를 이어 붙임
3. 이어 붙인 데이터는 0_data/cleaning/molit에 하나씩 저장

그럼 위 전략에 따라 한 단계씩 진행해 보겠습니다. 우선 0_data/molit/apt_trade 폴더에 있는 아파트 매매 실거래가의 모든 CSV 파일 리스트를 확인합니다. 여기서 glob 라이브러리의 glob() 함수를 사용하는데, '.csv로 끝나는 모든 파일을 조회하라'는 의미로 glob.glob(f'0_data/molit/apt_trade/*.csv)라는 코드를 작성합니다. 그리고 sorted() 함수를 사용해 이를 정렬합니다.

```
file_list = sorted(glob.glob(f'0_data/molit/apt_trade/*.csv'))
file_list

['0_data/molit/apt_trade/apt_trade_202101.csv',
 '0_data/molit/apt_trade/apt_trade_202102.csv',
 '0_data/molit/apt_trade/apt_trade_202103.csv',
 '0_data/molit/apt_trade/apt_trade_202104.csv',
 '0_data/molit/apt_trade/apt_trade_202105.csv',
 '0_data/molit/apt_trade/apt_trade_202106.csv',
 '0_data/molit/apt_trade/apt_trade_202107.csv',
 '0_data/molit/apt_trade/apt_trade_202108.csv',
 '0_data/molit/apt_trade/apt_trade_202109.csv',
 '0_data/molit/apt_trade/apt_trade_202110.csv',
 '0_data/molit/apt_trade/apt_trade_202111.csv',
 '0_data/molit/apt_trade/apt_trade_202112.csv']
```

자, 이렇게 apt_trade 안의 모든 csv의 경로는 확인했으니 이를 반복문으로 pd.read_csv()를 통해 사용하면 됩니다. 이제 apt_trade 폴더뿐만 아니라 국토교통부 8개 데이터 전부를 가져올 경로 리스트를 만들어 주도록 하겠습니다.

```
# 국토교통부 8개 데이터 세트
list_nm = ['apt_trade','apt_rent',
           'rh_trade', 'rh_rent',
           'sh_trade', 'sh_rent',
           'offi_trade', 'offi_rent']

# 8개 데이터 세트 반복문
for k in range(len(list_nm)):

    dir_list = f'0_data/molit/{list_nm[k]}/*.csv'
    print(dir_list)

['0_data/molit/apt_trade/apt_trade_202101.csv',
 '0_data/molit/apt_trade/apt_trade_202102.csv',
 '0_data/molit/apt_trade/apt_trade_202103.csv',
 '0_data/molit/apt_trade/apt_trade_202104.csv',
 '0_data/molit/apt_trade/apt_trade_202105.csv',
 '0_data/molit/apt_trade/apt_trade_202106.csv',
 '0_data/molit/apt_trade/apt_trade_202107.csv',
 '0_data/molit/apt_trade/apt_trade_202108.csv',
 '0_data/molit/apt_trade/apt_trade_202109.csv',
 '0_data/molit/apt_trade/apt_trade_202110.csv',
 '0_data/molit/apt_trade/apt_trade_202111.csv',
 '0_data/molit/apt_trade/apt_trade_202112.csv']
```

▶ 최종 코드

반복문을 통한 전처리 준비를 완성했습니다. 이제 이를 응용한 최종 코드를 살펴보도록 하겠습니다.

```
# 국토교통부 8개 데이터 세트
list_nm = ['apt_trade','apt_rent',
           'rh_trade', 'rh_rent',
           'sh_trade', 'sh_rent',
           'offi_trade', 'offi_rent']

# 8개 데이터 세트 반복문
for k in range(len(list_nm)):
```

```python
total = pd.DataFrame()


# 8개 데이터 세트에 따른 파일 리스트 조회
dir_list = f'0_data/molit/{list_nm[k]}/*.csv'
file_list = sorted(glob.glob(dir_list))

# 각 파일 리스트에 대한 반복문
# molit_data_cleaning() 함수를 사용한 전처리
# geometry 칼럼 제거
# total에 모두 이어 붙임
for i in range(len(file_list)):
    print(i)
    df = pd.read_csv(file_list[i], thousands=r',')

    clean_df = molit_data_cleaning(df)
    clean_df = clean_df.drop(columns=['geometry'])

    total = pd.concat([total, clean_df])

# 최종적으로 만든 total은 0_data_claeaning/molit에 저장
file_name = f'0_data/cleaning/molit/{list_nm[k]}.csv'
total.to_csv(file_name, index = False)
```

2개의 반복문과 pd.concat() 함수를 사용해 total이라는 데이터를 이어 붙여 만듭니다. 다음과 같이 총 8개의 CSV 파일이 생성되면 성공입니다. 현재 0_data/cleaning/molit의 폴더 구성은 다음과 같습니다.

real_estate_dashboard	프로젝트의 메인 디렉토리(폴더)
0_data	공공데이터 저장용도
cleaning	전처리된 데이터
molit	국토교통부 전처리
apt_trade.csv	아파트 매매 실거래가 전처리
apt_rent.csv	아파트 전월세 실거래가 전처리
rh_trade.csv	연립다세대 매매 실거래가 전처리
rh_rent.csv	연립다세대 전월세 실거래가 전처리
sh_trade.csv	단독/다가구 매매 실거래가 전처리
sh_rent.csv	단독/다가구 전월세 실거래가 전처리
offi_trade.csv	오피스텔 매매 실거래가 전처리
offi_rent.csv	오피스텔 전월세 실거래가 전처리

DB 구축 이후에는 전처리된 데이터들이 DB에 올라가게 됩니다.

5.2 지리 정보 데이터 전처리

이번에는 지리 정보 데이터에 대한 전처리를 해 보도록 하겠습니다. 용량이 너무 커서 함부로 저장하지 못했던 geometry 데이터는 따로 geojson으로 변형할 예정입니다.

1_notebook 폴더의 경로에서 geo_test라는 주피터 파일을 생성합니다.

	1_notebook	·········	공공데이터 저장용도
jupyter	to_legal_code.ipynb	·········	법정동 행정동 코드 전처리
jupyter	geo_test.ipynb	·········	지도 데이터 시각화 테스트
	molit	·········	국토교통부 8개 데이터

geo_test 노트북을 생성했으면 다음 코드를 하나씩 진행합니다. 우선 geopandas 모듈을 설치하고 경로를 만듭니다.

```python
import geopandas as gpd
import matplotlib.pyplot as plt
import os

os.chdir("/home/ubuntu/real_estate_dashboard")
print(os.getcwd())


/home/ubuntu/real_estate_dashboard
```

이렇게 경로를 확인했습니다. 이제 0_data/geoservice 경로의 sig.shp 파일을 불러오겠습니다. geopandas의 약자로 지정해 준 gpd의 read_file() 함수를 사용합니다.

```python
file_dir = '0_data/geoservice/sig.shp'
geo_data= gpd.read_file(file_dir, dtype={SIG_CD:object}, encoding='utf-8')
geo_data.head()
```

sig.shp 파일을 불러와 SIG_CD 칼럼의 자료형을 object로 변경한 후 geo_data에 부여합니다.

SIG_CD	SIG_ENG_NM	SIG_KOR_NM	geometry
11110	Jongno-gu	b'₩xc1₩xbe₩xb7₩xce₩xb1₩xb8'	POLYGON ((******.*** ******.***, ***.***

SIG_CD	SIG_ENG_NM	SIG_KOR_NM	geometry
11140	Jung-gu	b'₩xc1₩xdf₩xb1₩xb8'	POLYGON ((******.*** ******.***, *** ***)
11170	Yongsan-gu	b'₩xbf₩xeb₩xbb₩xea₩xb1₩xb8'	POLYGON ((******.*** ******.***, *** ***)
11200	Seongdong-gu	b'₩xbc₩xba₩xb5₩xbf₩xb1₩xb8'	POLYGON ((******.*** ******.***, *** ***)
11215	Gwangjin-gu	b'₩xb1₩xa4₩xc1₩xf8₩xb1₩xb8'	POLYGON ((******.*** ******.***, *** ***)

이제 추가 처리를 진행하겠습니다. 우선 좌표계를 변경하겠습니다. 확보한 데이터의 geometry 칼럼을 확인해 보면 127, 38 형태의 좌표 형태가 아닌 것을 확인할 수 있습니다. 이는 geoservice에서 기본적으로 제공하는 좌표계의 형식이 EPSG:5179이기 때문입니다. 이를 변환하고자 다음 코드를 사용합니다.

```
geo_data.crs = 'EPSG:5179'
geo_data = geo_data.to_crs({"init": "EPSG:4326"})
```

추가로, SIG_KOR_NM의 칼럼이 깨지는 문제를 해결하기 위해 euc-kr 형태로 디코딩 처리합니다.

```
geo_data['SIG_KOR_NM'] = geo_data['SIG_KOR_NM'].str.decode('euc-kr')
geo_data.head()
```

결과는 다음과 같습니다.

SIG_CD	SIG_ENG_NM	SIG_KOR_NM	geometry
11110	Jongno-gu	종로구	POLYGON ((******.*** ******.***, *** ***
11140	Jung-gu	중구	POLYGON ((******.*** ******.***, *** ***
11170	Yongsan-gu	용산구	POLYGON ((******.*** ******.***, *** ***
11200	Seongdong-gu	성동구	POLYGON ((******.*** ******.***, *** ***

SIG_CD	SIG_ENG_NM	SIG_KOR_NM	geometry
11215	Gwangjin-gu	광진구	POLYGON ((******.*** ******.***, ***.***

이렇게 좌표계도, 한글이 깨지는 문제도 모두 해결했습니다. 이제 shp 파일을 geojson 파일로 변경하겠습니다. shp 파일을 '시도' 기준으로 나누어서 geojson으로 변경하려고 합니다.

```python
# 법정동코드 로드
local_info_b = pd.read_csv('0_data/legal_info_b.csv', dtype = {'법정동코드':str})

# 시도코드 생성
local_info_b['시도코드'] = local_info_b['법정동코드'].str[:2]

# 시도 코드, 시도명 코드 생성
local_info_b_2 = local_info_b[['시도코드', '시도명']].drop_duplicates().reset_index(drop = True)
local_info_b_2
```

법정동코드를 포함하는 legal_info_b.csv 파일을 불러와 '시도코드', '시도명' 2개의 정보만 뽑습니다. '시도코드'의 경우에는 법정동코드의 앞 두 자리만 추출하여 legal_info_b_2라고 지정합니다.

시도코드	시도명
11	서울특별시
26	부산광역시
27	대구광역시
28	인천광역시
29	광주광역시
30	대전광역시
31	울산광역시
36	세종특별자치시
41	경기도

시도코드	시도명
42	강원도
43	충청북도
44	충청남도
45	전라북도
46	전라남도
47	경상북도
48	경상남도
50	제주특별자치도

이번에는 legal_info_b_2와 병합하기 위해 geo_data에 '시도코드' 칼럼을 추가합니다.

```
geo_data['시도코드'] = geo_data['SIG_CD'].str[:2]
```

이렇게 geo_data에도 '시도코드' 칼럼을 만들었으니 이제 legal_info_b_2와 병합하겠습니다.

```
geo_data = pd.merge(geo_data,logal_info_b_2,
        on = '시도코드',
        how = 'left')
geo_data
```

결과는 다음과 같습니다.

SIG_CD	SIG_ENG_NM	SIG_KOR_NM	geometry	시도코드	시도명
11110	Jongno-gu	종로구	POLYGON ((******.*** ******.*** .*** .*** . , .	11	서울특별시
11140	Jung-gu	중구	POLYGON ((******.*** ******.*** .*** .*** . , .	11	서울특별시
11170	Yongsan-gu	용산구	POLYGON ((******.*** ******.*** .*** .*** . , .	11	서울특별시

SIG_CD	SIG_ENG_NM	SIG_KOR_NM	geometry	시도코드	시도명
11200	Seongdong-gu	성동구	POLYGON ((******.*** ******.***, ***.***	11	서울특별시
11215	Gwangjin-gu	광진구	POLYGON ((******.*** ******.***, ***.***	11	서울특별시

이렇게 생성된 geo_data에 대해 시도코드를 기준으로 반복문을 사용하여 geojson 파일을 생성합니다.

```python
for i in range(len(logal_info_b_2)):
    sd_code = logal_info_b_2['시도코드'][i]
    sd_nm = logal_info_b_2['시도명'][i]

    geo_data_cd = geo_data[geo_data['시도코드'] == sd_code]

    geo_data_cd.to_file(f'0_data/geoservice/geo_sig_{sd_nm}_json.geojson',
encoding = 'utf-8', driver = 'GeoJSON')
```

5.3 인구 데이터 전처리

이번에는 행정구역별 인구 데이터를 전처리해 보겠습니다. 우선 1_notebook/cleaning에 etc_data_cleaning.ipynb 파일을 생성합니다. 여기에서 인구, 인프라, 공원의 데이터에 대한 처리를 전부 진행하겠습니다. 파일 경로는 다음과 같습니다.

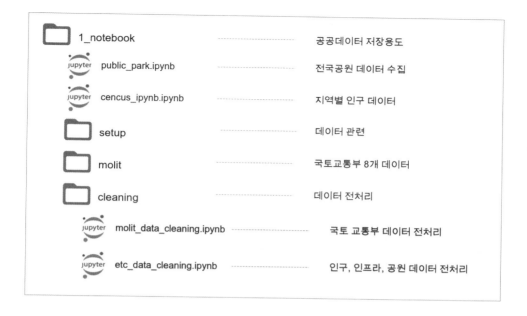

📁 1_notebook	....	공공데이터 저장용도
jupyter public_park.ipynb	....	전국공원 데이터 수집
jupyter cencus_ipynb.ipynb	....	지역별 인구 데이터
📁 setup	....	데이터 관련
📁 molit	....	국토교통부 8개 데이터
📁 cleaning	....	데이터 전처리
jupyter molit_data_cleaning.ipynb	....	국토 교통부 데이터 전처리
jupyter etc_data_cleaning.ipynb	....	인구, 인프라, 공원 데이터 전처리

이제 다음 코드를 통해 데이터를 확인해 보겠습니다. 경로는 항상 real_estate_dashboard입니다.

```python
import pandas as pd
import os
import geopandas as gpd

os.chdir("/home/ubuntu/real_estate_dashboard")
print(os.getcwd())
/home/ubuntu/real_estate_dashboard
```

그리고 필요한 데이터를 모두 불러오겠습니다. 인구 데이터, 초등학교 데이터, 도시공원 데이터, 행정동코드 데이터를 모두 불러옵니다.

```python
# 인구 데이터
census = pd.read_csv("0_data/census_202210.csv")

# 초등학교 데이터
elementary_school = pd.read_csv("0_data/elementary_school.csv")
```

```
# 도시공원 데이터
public_park = pd.read_csv("0_data/public_park.csv")

# 행정동코드 데이터
legal_info_h = pd.read_csv('0_data/legal_info_h.csv',
                    dtype = {'행정동코드':object,
                            '행정동시군구코드':object,
                            '행정동읍면동코드':object})
```

이제 수집한 인구 데이터 먼저 확인해 보도록 하겠습니다.

	0	1
TBL_NM	행정구역(시군구)별 성별 인구수	행정구역(시군구)별 성별 인구수
PRD_DE	202112	202112
TBL_ID	DT_1B040A3	DT_1B040A3
ITM_NM	총인구수	총인구수
ITM_NM_ENG	Koreans (Total)	Koreans (Total)
ITM_ID	T20	T20
UNIT_NM	명	명
ORG_ID	101	101
UNIT_NM_ENG	Person	Person
C1_OBJ_NM	행정구역(시군구)별	행정구역(시군구)별
C1_OBJ_NM_ENG	By Administrative District	By Administrative District
DT	51638809	9509458
PRD_SE	M	M
C1	0	11
C1_NM	전국	서울특별시
C1_NM_ENG	Whole country	Seoul

활용에 맞게 변형할 필요가 있어 보입니다. 우선 필요한 칼럼만 추출하도록 하겠습니다. 여기서 사용하려고 하는 데이터는 년, 월, 인구수 구분, 인구수, 행정동코드, 행정동이름입니다.

PRD_DE를 통해 년, 월 칼럼을 만들고 필요한 데이터만 추출해 보도록 하겠습니다.

```
census = census.astype({'PRD_DE':str, 'C1':str})

census['year'] = census['PRD_DE'].str[:4]
census['month'] = census['PRD_DE'].str[4:]

census_2 = census[['year','month','ITM_NM', 'DT', 'C1','C1_NM']]

census_2.head()
```

이 데이터를 census_2로 지정하여 확인해 봅니다.

year	month	ITM_NM	DT	C1	C1_NM
2022	10	총인구수	51459626	0	전국
2022	10	남자인구수	25649509	0	전국
2022	10	여자인구수	25810117	0	전국
2022	10	총인구수	9443722	11	서울특별시
2022	10	남자인구수	4578459	11	서울특별시

이제 행정동코드를 의미하는 C1 칼럼의 자릿수가 10개인 것만 뽑도록 하겠습니다.

```
census_2 = census_2[census_2['C1'].str.len() == 10]
census_2 = census_2.reset_index(drop=True)

census_2.columns = ['년','월', '구분', '인구수', '행정동코드', '행정동']
census_2
```

reset_index(drop=True) 옵션을 주어 인덱스를 초기화합니다. 그리고 칼럼명을 새롭게 정리합니다.

년	월	구분	인구수	행정동코드	행정동
2022	10	총인구수	11700	1111051500	청운효자동
2022	10	남자인구수	5367	1111051500	청운효자동
2022	10	여자인구수	6333	1111051500	청운효자동
2022	10	총인구수	9128	1111053000	사직동
2022	10	남자인구수	4045	1111053000	사직동
...	...	...	...	...	...
2022	10	남자인구수	6222	5013061000	중문동
2022	10	여자인구수	6037	5013061000	중문동
2022	10	총인구수	3895	5013062000	예래동
2022	10	남자인구수	1992	5013062000	예래동
2022	10	여자인구수	1903	5013062000	예래동

이렇게 행정동코드 10자리를 추출했습니다. 이제 이 행정동코드 10자리를 토대로 수집한 행정동코드와 병합합니다.

```
census_3 = pd.merge(census_2, legal_info_h,
        on = '행정동코드',
        how = 'left')

census_3.head(2).T
```

결과는 다음과 같습니다.

	0	1
년	2022	2022
월	10	10
구분	총인구수	남자인구수
인구수	11700	5367

	0	1
행정동코드	1111051500	1111051500
행정동	청운효자동	청운효자동
행정동_시도명	서울특별시	서울특별시
행정동_시군구명	종로구	종로구
행정동_읍면동명	청운효자동	청운효자동
행정동시군구코드	11110	11110
행정동읍면동코드	51500	51500
행정동_주소	서울특별시 종로구 청운효자동	서울특별시 종로구 청운효자동

이렇게 행정동 주소까지 처리했습니다. 여기서 구분 칼럼에 총인구수, 남자인구수, 여자인구수가 모두 있습니다. 총인구수를 제거하는 것이 맞겠지만 데이터의 양이 그리 크지 않아 이 부분은 남겨 놓도록 하겠습니다.

5.4 인프라 데이터 전처리

그럼 이제 인프라 데이터로 넘어가 보도록 하겠습니다. 다음 코드를 통해 파악해 보겠습니다.

```
elementary_school.head(2).T
```

초등학교 데이터는 다음과 같습니다.

	0	1
시도교육청코드	B10	B10
시도교육청명	서울특별시교육청	서울특별시교육청
표준학교코드	7031110	7134077
학교명	경기초등학교	경복초등학교

	0	1
영문학교명	Kyonggi Elementary School	Kyungbok Elementary School
학교종류명	초등학교	초등학교
소재지명	서울특별시	서울특별시
관할조직명	서울특별시서부교육지원청	서울특별시성동광진교육지원청
설립명	사립	사립
도로명우편번호	3746	4991
도로명주소	서울특별시 서대문구 경기대로9길 10	서울특별시 광진구 천호대로130길 58
도로명상세주소	(충정로2가/경기초등학교)	/ 경복초등학교 (능동)
전화번호	02-363-2908	02-2204-1200
홈페이지주소	kyonggicho.es.kr	
kbes.kr		
남녀공학구분명	남여공학	남여공학
팩스번호	02-3146-9581	02-454-5086
고등학교구분명		
산업체특별학급존재여부	N	N
고등학교일반실업구분명	일반계	일반계
특수목적고등학교계열명		
입시전후기구분명	전기	전기
주야구분명	주간	주간
설립일자	19641203	19650302
개교기념일	19641203	19650302
수정일	20211216	20211216

초등학교 데이터의 경우에는 특별히 처리할 부분이 없습니다. 필요한 것은 초등학교와 해당 주소를 얻어 이를 통합시키는 것이 목적이기 때문입니다.

5.5 도시공원 데이터 전처리

이번에는 도시공원 데이터에 대한 전처리를 해 보도록 하겠습니다. 우선 다음을 확인해 보도록 하겠습니다.

```
public_park.head(3).T
```

결과는 다음과 같습니다.

	0	1	2
관리번호	47190-00127	47190-00128	47190-00129
공원명	백현체육공원	둘모아공원	다봇소공원
공원구분	체육공원	어린이공원	소공원
소재지도로명주소	NaN	NaN	NaN
소재지지번주소	경상북도 구미시 산동면 백현리 79	경상북도 구미시 봉곡동 584-2	경상북도 구미시 봉곡동 765 일원
위도	36.186429	36.148431	36.155883
경도	128.478491	128.316594	128.311526
공원면적	90967	4279	805
공원보유시설(운동시설)	NaN	NaN	NaN
공원보유시설(유희시설)	NaN	NaN	NaN
공원보유시설(편익시설)	NaN	NaN	NaN
공원보유시설(교양시설)	NaN	NaN	NaN
공원보유시설(기타시설)	NaN	NaN	NaN
지정고시일	NaN	NaN	NaN
관리기관명	NaN	NaN	NaN
전화번호	NaN	NaN	NaN
데이터기준일자	2022-06-09	2022-06-09	2022-06-09
제공기관코드	5080000	5080000	5080000

해당 데이터도 특별히 전처리할 부분이 보이지 않습니다. 위도와 경도가 나타나 있으니 이 부분은 나중에 지도에서 사용하도록 하겠습니다.

CHAPTER

데이터 분석의 꽃 #시각화

06

이렇게 데이터 수집과 전처리를 완료했습니다. 이제 앞으로 꽤 많은 양의 데이터가 쌓이게 됩니다. 데이터를 활용할 때 얼마나 많은 양의 데이터를 사용하느냐보단 어떻게 잘 전달하는 가가 매우 중요합니다. 전달하는 방식에 인사이트를 제공하는 강력한 무기가 바로 시각화입 니다.

이제 전처리까지 완료한 데이터를 가지고 시각화를 진행해 보며 데이터에 대한 여러 각도의 해석을 유도해 보도록 하겠습니다. 파이썬에는 시각화할 수 있는 다양한 방법이 있습니다. 대표적으로 가장 많이 알려진 것이 matplotlib, seaborn이며 plotly 또한 자주 사용합니다. 이번에 사용할 시각화 패키지는 플로틀리(plotly)입니다. 플로틀리에 대한 자세한 정보는 다 음의 공식 문서를 참고하면 됩니다.

> ➲ 플로틀리 공식 문서
> plotly.com/python

그동안 수집한 아파트, 연립다세대, 단독/다가구, 오피스텔에 대한 데이터와 인구, 학교, 공 원에 대한 데이터 그리고 지리 정보를 담고 있는 지도 데이터를 모두 사용해 시각화를 진행 해 볼 예정입니다. 그리고 이 시각화한 결과를 스트림릿에 하나씩 붙여서 사용할 수 있도록 함수로 제작해 놓도록 하겠습니다.

6.1 지역 정보 시각화: 막대 그래프

우선 각 지역에 대한 정보를 시각화해 보도록 하겠습니다.

6.1.1 지역별 부동산 실거래가 평균

우선 지역에 따른 부동산 실거래가에 대해 시각화를 진행하겠습니다.

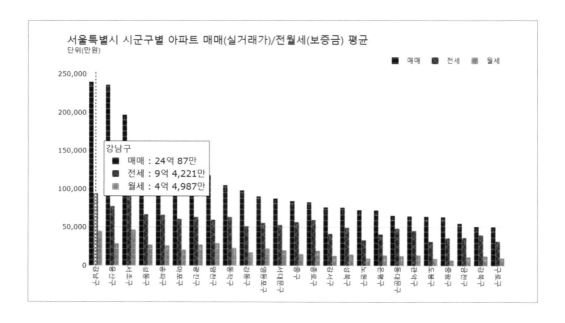

최신 일자를 기준으로 데이터를 합치고 필터링을 진행한 데이터를 사용합니다.

```
def vis_trade_rent(total, type_val, sig_area, year_val, month_val):
    total['년'] = total['년'].astype(int)
    total['월'] = total['월'].astype(int)
    total['mean'] = total['mean'].astype(int)
    total['mean_2'] = total['mean'].apply(readNumber)

    # total = df_trade
    df1 = total[(total['시도명'] == sig_area) &
                (total['년'] == year_val) &
                (total['월'] == month_val) &
                (total['타입'] == type_val)]


    df1 = df1.sort_values(by = 'mean',ascending=False)
```

```python
fig = go.Figure(data = [
    go.Bar(name = '매매',
            y = df1[df1['구분'] == '매매']['mean'],
            x = df1[df1['구분'] == '매매']['시군구명'],
            # marker_color='crimson',
            marker_color='black',
            opacity=1,
            marker_pattern_shape='-',
            text = df1[df1['구분'] == '매매']['mean_2'],
            hovertemplate='%{text}만'
        ),
    go.Bar(name = '전세',
            y = df1[df1['구분'] == '전세']['mean'],
            x = df1[df1['구분'] == '전세']['시군구명'],
            # marker_color='blue',
            marker_color='black',
            opacity=0.7,
            marker_pattern_shape='x',
            text = df1[df1['구분'] == '전세']['mean_2'],
            hovertemplate='%{text}만'
        ),
    go.Bar(name = '월세',
            y = df1[df1['구분'] == '월세']['mean'],
            x = df1[df1['구분'] == '월세']['시군구명'],
            # marker_color='green',
            marker_color='black',
            opacity=0.3,
            marker_pattern_shape='+',
            text = df1[df1['구분'] == '월세']['mean_2'],
            hovertemplate='%{text}만'
        ),
    ])


fig.update_layout(
    title= f'{sig_area} 시군구별 아파트 매매(실거래가)/전월세(보증금) 평균 <br><sup>
단위(만원)</sup>',
#       title = title2,
    title_font_family="맑은고딕",
    title_font_size = 18,
```

```
        hoverlabel=dict(
            bgcolor='white',
            font_size=15,
        ),
        hovermode="x unified",
        template='plotly_white',
        xaxis_tickangle=90,
        yaxis_tickformat = ',',
        legend = dict(orientation = 'h', xanchor = "center", x = 0.85, y= 1.1),
#Adjust legend position
        barmode='group'
    )

    return(fig)
```

이를 대시보드에 사용하고자 type_val, sig_area, year_val, month_val라는 변수를 사용해 vis_trade_rent() 함수를 생성합니다. 이때 type_val은 아파트, 연립다세대, 단독/다가구, 오 피스텔을 구분하고 sig_area는 시도명을 구분합니다. 그리고 year_val은 연도를, month_val 은 월을 나타냅니다.

추가로, 위 결과는 매매, 전세, 월세를 marker_color='black' 옵션에서의 opacity를 1, 0.7, 0.3으로 설정해 음영으로 구분했지만 marker_color 옵션을 활용해 색으로 구분할 수도 있습 니다.

이제 변수를 설정하고 함수를 실행하면 결과를 확인할 수 있습니다.

```
sig_area = '서울특별시'
year_val = 2021
month_val = 12

vis_trade_rent(vis_trade_rent_df,
                       'apt',
                       sig_area,
                       year_val,
                       month_val)
```

코드가 완성되었으니 간단하게 부산광역시와 서울특별시의 연립다세대 데이터를 테스트하고 넘어가겠습니다. 우선 부산광역시입니다.

```python
sig_area = '부산광역시'
year_val = 2021
month_val = 12

vis_trade_rent(vis_trade_rent_df,
                'apt',
                sig_area,
                year_val,
                month_val)
```

sig_area에 '부산광역시'를 부여한 후 결과를 확인합니다.

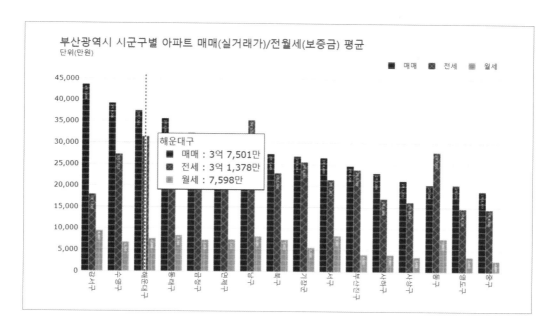

이번에는 서울특별시의 연립다세대 정보입니다. sig_area에는 서울특별시를 부여하고, 변수명에 rh를 넣어 주었습니다.

```python
sig_area = '서울특별시'
```

```
year_val = 2021
month_val = 12

vis_trade_rent(vis_trade_rent_df,
                'rh',
                sig_area,
                year_val,
                month_val)
```

결과는 다음과 같습니다.

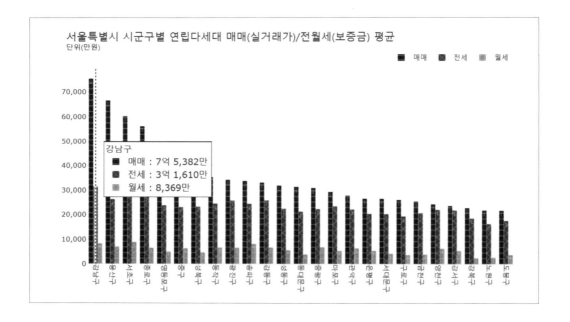

6.1.2 지역별 인구수

이번에는 지역에 따른 인구수 데이터를 시각화해 보도록 하겠습니다. 코드를 직접 따라 작성해 보면 색상으로 구분된 막대 그래프를 확인할 수 있습니다.

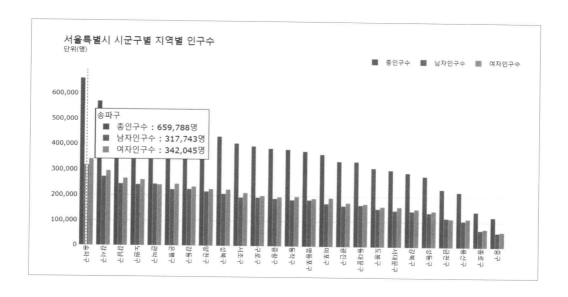

cencus 데이터를 사용했으며 cencus에서 '행정동_시군구명'에 따라 sum()을 사용해 그룹별로 합칩니다. 총인구수, 남자인구수, 여자인구수를 구분해 시각화합니다.

```
census = pd.read_csv("0_data/census_3.csv")
def cencus_count(df_raw, sig_area):

    df_raw = df_raw[df_raw['행정동_시도명'] == sig_area]
    df_raw = df_raw.reset_index(drop = True)

    df_vis = df_raw[['행정동_시군구명', '인구수', '구분']].groupby(['행정동_시군구명',
'구분']).sum()
    df_vis = df_vis.reset_index()
    df_vis = df_vis.sort_values(by = '인구수',ascending=False)

    fig = go.Figure(data=[
    go.Bar(
      name = '총인구수',
      x=df_vis[df_vis['구분'] == '총인구수']['행정동_시군구명'],
      y=df_vis[df_vis['구분'] == '총인구수']['인구수'],
      hovertemplate='%{y}명'
    ),

    go.Bar(
```

```python
        name = '남자인구수',
        x=df_vis[df_vis['구분'] == '남자인구수']['행정동_시군구명'],
        y=df_vis[df_vis['구분'] == '남자인구수']['인구수'],
        hovertemplate='%{y}명'
    ),

    go.Bar(
        name = '여자인구수',
        x=df_vis[df_vis['구분'] == '여자인구수']['행정동_시군구명'],
        y=df_vis[df_vis['구분'] == '여자인구수']['인구수'],
        hovertemplate='%{y}명'

    )
    ])


    fig.update_layout(
        title= f'{sig_area} 시군구별 지역별 인구수 <br><sup>단위(명)</sup>',
        title_font_family="맑은고딕",
        title_font_size = 18,
        hoverlabel=dict(
            bgcolor='white',
            font_size=15,
        ),
        hovermode="x unified",
        template='plotly_white',
        xaxis_tickangle=90,
        yaxis_tickformat = ',',
        legend = dict(orientation = 'h', xanchor = "center", x = 0.85, y= 1.1),
#Adjust legend position
        barmode='group'
    )


    return(fig)
```

이를 대시보드에 사용하고자 sig_area라는 지역 변수를 사용합니다. cencus_count() 함수를
생성했으니 이를 실행하면 위와 같은 화면을 확인할 수 있습니다.

```python
sig_area = '서울특별시'
```

```
cencus_count(census,sig_area)
```

부산광역시의 지역별 인구수를 테스트해 보고 넘어가도록 하겠습니다.

```
sig_area = '부산광역시'
cencus_count(census,sig_area)
```

결과는 다음과 같습니다.

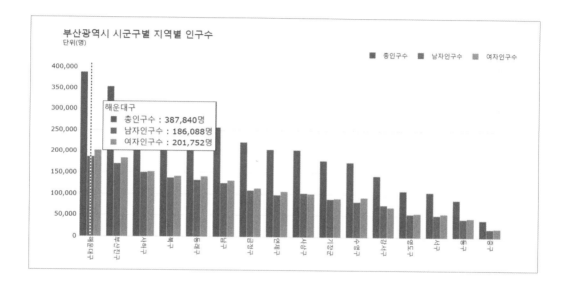

6.1.3 지역별 공원 정보

이번엔 지역별 공원 정보를 다음과 같이 표현해 봅시다.

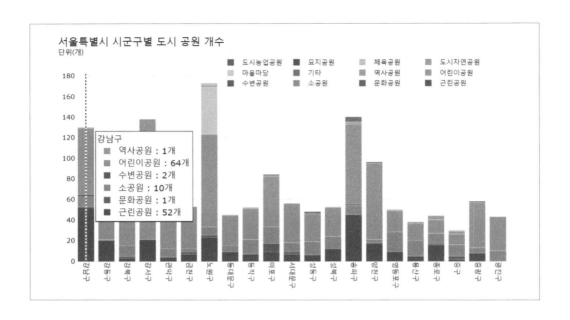

인구 데이터를 시각화하는 방식과 유사하지만, sum이 아니라 count를 사용해 공원의 종류에 따라 누적된 그래프를 생성합니다.

```python
def park_count(park_raw, sig_area):

    park_raw = park_raw[park_raw['시도명'] == sig_area]
    park_raw = park_raw.reset_index(drop = True)


    park_raw = park_raw[['시군구명', '공원구분','공원명']].groupby(['시군구명',
'공원구분']).describe()
    park_raw = park_raw.reset_index()

    park_vis = pd.concat([park_raw[['시군구명', '공원구분']],park_raw['공원명']
[['count']]], axis = 1)
    park_vis.columns = ['시군구명', '공원구분','count']

    fig = go.Figure()
    key_list = park_vis['공원구분'].unique()
    for key in key_list:
        fig.add_trace(go.Bar(
          name = key,
```

```
                    x=park_vis[park_vis['공원구분'] == key]['시군구명'],
                    y=park_vis[park_vis['공원구분'] == key]['count'],
                    hovertemplate='%{y}개'
                )
            )


    fig.update_layout(
        title= f'{sig_area} 시군구별 아파트 매매(실거래가)/전월세(보증금) 평균 <br><sup>
단위(만 원)</sup>',
        title_font_family="맑은고딕",
        title_font_size = 18,
        hoverlabel=dict(
            bgcolor='white',
            font_size=15,
        ),
        hovermode="x unified",
        template='plotly_white',
        xaxis_tickangle=90,
        yaxis_tickformat = ',',
        legend = dict(orientation = 'h', xanchor = "center", x = 0.85, y= 1.1),
#Adjust legend position
        barmode='stack'
    )


    return(fig)
```

이처럼 park_count()라는 함수를 생성해 실행하면 시각화한 결과를 얻을 수 있습니다.

```
sig_area = '서울특별시'
park_count(public_park, sig_area)
```

이번에도 부산광역시 데이터로 테스트해 지역별 공원 정보를 확인해 보겠습니다.

```
sig_area = '부산광역시'
park_count(public_park, sig_area)
```

결과는 다음과 같습니다.

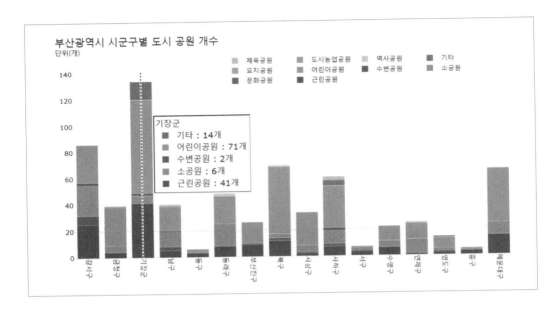

6.1.4 지역별 초등학교 정보

전처리한 초등학교 데이터로 지역별 초등학교 정보를 시각화해 보겠습니다.

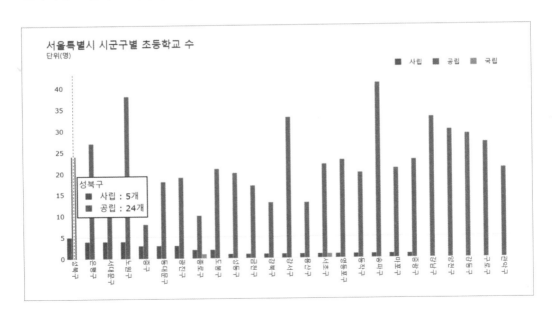

공원 데이터를 시각화하는 방식과 유사하지만, count를 사용합니다.

```python
def school_count(df_trade, sig_area):

    aaaa_raw = df_trade[df_trade['시도명'] == sig_area]
    aaaa_raw = aaaa_raw.reset_index(drop = True)


    aaaa_raw = aaaa_raw[['시군구명', '설립명', '학교명']].groupby(['시군구명',
'설립명']).describe()
    aaaa_raw = aaaa_raw.reset_index()

    apart_trans2 = pd.concat([aaaa_raw[['시군구명', '설립명']],aaaa_raw['학교명']
[['count']]], axis = 1)
    apart_trans2.columns = ['시군구명', '설립명','count']
    apart_trans2 = apart_trans2.sort_values(by = 'count',ascending=False)


    fig = go.Figure(data=[
        go.Bar(
          name = '사립',
          x=apart_trans2[apart_trans2['설립명'] == '사립']['시군구명'],
          y=apart_trans2[apart_trans2['설립명'] == '사립']['count'],
          hovertemplate='%{y}개'
        ),

        go.Bar(
          name = '공립',
          x=apart_trans2[apart_trans2['설립명'] == '공립']['시군구명'],
          y=apart_trans2[apart_trans2['설립명'] == '공립']['count'],
          hovertemplate='%{y}개'
        ),

        go.Bar(
          name = '국립',
          x=apart_trans2[apart_trans2['설립명'] == '국립']['시군구명'],
          y=apart_trans2[apart_trans2['설립명'] == '국립']['count'],
          hovertemplate='%{y}개'
        )

        ])
```

```
    fig.update_layout(
            title= f'{sig_area} 시군구별 초등학교 수 <br><sup>단위(명)</sup>',
            title_font_family="맑은고딕",
            title_font_size = 18,
            hoverlabel=dict(
                bgcolor='white',
                font_size=15,
            ),
            hovermode="x unified",
            template='plotly_white',
            xaxis_tickangle=90,
            yaxis_tickformat = ',',
            legend = dict(orientation = 'h', xanchor = "center", x = 0.85, y= 1.1),
#Adjust legend position
            barmode='group'
        )

    return(fig)
```

초등학교는 사립, 공립, 국립으로 나뉘는데 barmode 옵션을 group으로 설정합니다.
school_count()라는 함수를 만들어 실행하면 앞서 살펴본 결과를 확인할 수 있습니다

```
sig_area = '서울특별시'
school_count(elementary_school, sig_area)
```

이제 부산광역시의 데이터로 시군구별 초등학교 수를 테스트하고 넘어가도록 하겠습니다.

```
sig_area = '부산광역시'
school_count(elementary_school, sig_area)
```

결과는 다음과 같습니다.

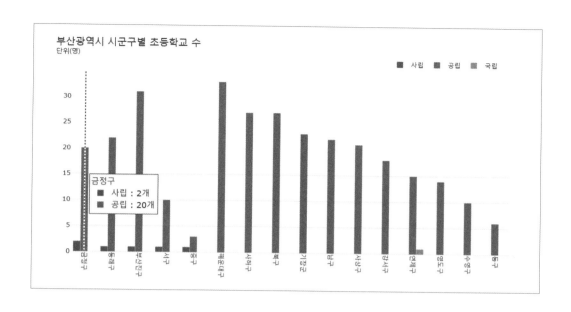

6.2 연도별 데이터 시각화: 꺾은선 그래프

이번에는 시일에 따른 부동산 실거래가에 대해 유의미하게 시각화하는 방법에 대해 알아보도록 하겠습니다.

6.2.1 연도에 따른 지역별 부동산 실거래가 평균

연도에 따른 지역별 부동산 실거래가 평균을 꺾은선 그래프로 표현하면 다음과 같습니다.

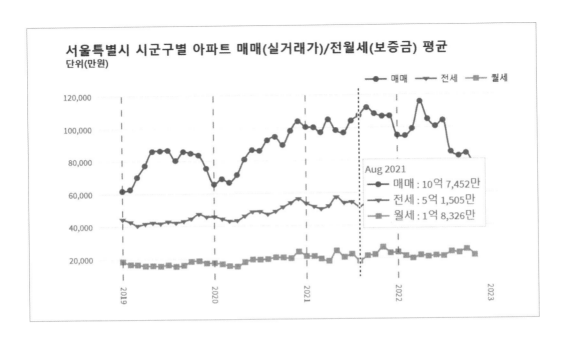

서울특별시 시군구별 아파트 매매(실거래가)/전월세(보증금) 평균
단위(만원)

Aug 2021
매매 : 10억 7,452만
전세 : 5억 1,505만
월세 : 1억 8,326만

매매, 전세, 월세로 구분되는 꺾은선 그래프를 시각화하는 코드를 작성해 봅시다.

```python
def trade_mean(df_trade, type_val, sig_area):

    total = df_trade
    df1 = total[(total['시도명'] == sig_area) &
              (total['타입'] == type_val)]
    fig = go.Figure(data=[
        go.Scatter(
            name = '매매',
            x=df1[df1['구분'] == '매매']['거래날짜'],
            y=df1[df1['구분'] == '매매']['mean'],
            hovertemplate='%{y}만 원',
            marker_size = 8,
            line_shape='spline'),

        go.Scatter(
            name = '전세',
            x=df1[df1['구분'] == '전세']['거래날짜'],
            y=df1[df1['구분'] == '전세']['mean'],
            hovertemplate='%{y}만 원',
```

```
                marker_symbol='triangle-down',
                marker_size = 8,
                line_shape='spline'),

            go.Scatter(
                name = '월세',
                x=df1[df1['구분'] == '월세']['거래날짜'],
                y=df1[df1['구분'] == '월세']['mean'],
                hovertemplate='%{y}만 원',
                marker_symbol='square',
                marker_size = 8,
                line_shape='spline')
            ])

    # fig.update_traces(hoverinfo='text+name', mode='lines+markers')
    fig.update_traces(mode='lines+markers')


    fig.update_layout(
        title= f'{sig_area} 시군구별 아파트 매매(실거래가)/전월세(보증금) 트렌드 <br><sup>
단위(만 원)</sup>',
    #        title = title2,
        title_font_family="맑은고딕",
        title_font_size = 18,
        hoverlabel=dict(
            bgcolor='white',
            font_size=15,
        ),
        hovermode="x unified",
        template='plotly_white',
        xaxis_tickangle=90,
        yaxis_tickformat = ',',
        legend = dict(orientation = 'h', xanchor = "center", x = 0.85, y= 1.1),
#Adjust legend position
        barmode='group'
    )

    for i in range(2019, 2023):
        fig.add_vline(x=f'{i}-01-01', line_width=1, line_dash="dash", line_
color="green")
#    fig.show()
```

```
        return(fig)
```

이를 대시보드에 사용하고자 df_trade, type_val, sig_area라는 변수를 생성합니다. 이때 type_val은 아파트, 연립다세대, 단독/다가구, 오피스텔을 구분하고 sig_area는 시도명을 구분합니다. trade_mean() 함수를 생성했으니 이를 실행하면 위와 같은 화면을 확인할 수 있습니다.

이제 변수를 설정하고 다음과 같이 함수를 실행해 보세요.

```
type_option = 'apt'
sig_area = '서울특별시'

trade_mean(trade_count_df,
           type_option,
           sig_area)
```

추가로 함수를 테스트해 보고자 부산광역시 연립다세대를 확인해 보고 넘어가도록 하겠습니다. 우선 부산광역시부터 확인해 보겠습니다.

```
type_option = 'apt'
sig_area = '부산광역시'

trade_mean(trade_count_df,
           type_option,
           sig_area)
```

결과는 다음과 같습니다.

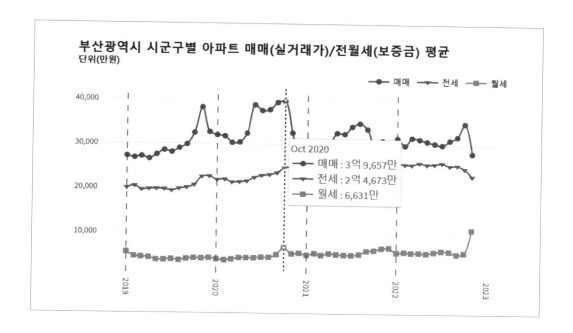

부산광역시 시군구별 아파트 매매(실거래가)/전월세(보증금) 평균
단위(만원)

Oct 2020
매매 : 3억 9,657만
전세 : 2억 4,673만
월세 : 6,631만

이번에는 서울특별시의 연립다세대 트렌드를 확인해 봅시다.

```
type_option = 'rh'
sig_area = '서울특별시'

trade_mean(trade_count_df,
           type_option,
           sig_area)
```

결과는 다음과 같습니다.

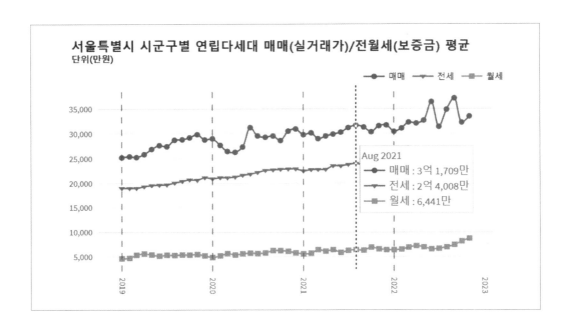

서울특별시 시군구별 연립다세대 매매(실거래가)/전월세(보증금) 평균

6.2.2 연도에 따른 지역별 부동산 거래량

이번에는 시일에 따른 부동산 거래량에 대해 알아보겠습니다. 앞서 진행한 연도별 매매 트렌드와 상당히 유사한 방식으로 제작할 수 있습니다.

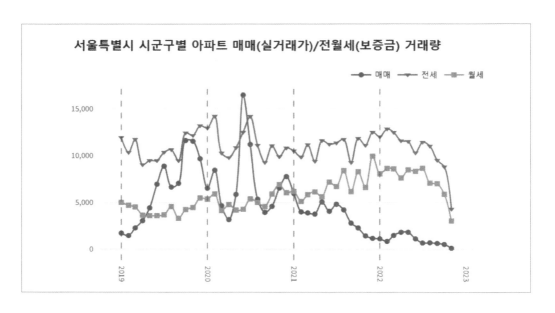

서울특별시 시군구별 아파트 매매(실거래가)/전월세(보증금) 거래량

이를 대시보드에 사용하고자 df_trade, type_val, sig_area라는 변수를 사용합니다. type_val
은 아파트, 연립다세대, 단독/다가구, 오피스텔을 구분하고 sig_area는 시도명을 구분합니다.

```python
def trade_count(df_trade, type_val, sig_area):

    total = df_trade
    df1 = total[(total['시도명'] == sig_area) &
                (total['타입'] == type_val)]
    fig = go.Figure(data=[
        go.Scatter(
            name = '매매',
            x=df1[df1['구분'] == '매매']['거래날짜'],
            y=df1[df1['구분'] == '매매']['count'],
            hovertemplate='%{y}건',
            marker_size = 8,
            line_shape='spline'),

        go.Scatter(
            name = '전세',
            x=df1[df1['구분'] == '전세']['거래날짜'],
            y=df1[df1['구분'] == '전세']['count'],
            hovertemplate='%{y}건',
            marker_symbol='triangle-down',
            marker_size = 8,
            line_shape='spline'),

        go.Scatter(
            name = '월세',
            x=df1[df1['구분'] == '월세']['거래날짜'],
            y=df1[df1['구분'] == '월세']['count'],
            hovertemplate='%{y}건',
            marker_symbol='square',
            marker_size = 8,
            line_shape='spline')
        ])

    # fig.update_traces(hoverinfo='text+name', mode='lines+markers')
    fig.update_traces(mode='lines+markers')
```

```
fig.update_layout(
    title= f'{sig_area} 아파트 매매(실거래가)/전월세 거래건수 <br><sup>단위(건)</sup>',
#       title = title2,
    title_font_family="맑은고딕",
    title_font_size = 18,
    hoverlabel=dict(
        bgcolor='white',
        font_size=15,
    ),
    hovermode="x unified",
    template='plotly_white',
    xaxis_tickangle=90,
    yaxis_tickformat = ',',
    legend = dict(orientation = 'h', xanchor = "center", x = 0.85, y= 1.1),
#Adjust legend position
    barmode='group'
)

    for i in range(2019, 2023):
        fig.add_vline(x=f'{i}-01-01', line_width=1, line_dash="dash", line_
color="green")
#    fig.show()
    return(fig)
```

trade_count() 함수를 생성했으니 변수를 설정하고 함수를 실행하면 위와 같은 화면을 확인
할 수 있습니다.

```
type_option = 'apt'
sig_area = '서울특별시'

trade_count(trade_count_df,
            type_option,
            sig_area)
```

이번에도 추가 테스트를 진행해 보도록 하겠습니다. 부산광역시와 연립다세대 데이터를 시
각화해 봅시다.

```
type_option = 'apt'
sig_area = '부산광역시'

trade_count(trade_count_df,
            type_option,
            sig_area)
```

결과는 다음과 같습니다.

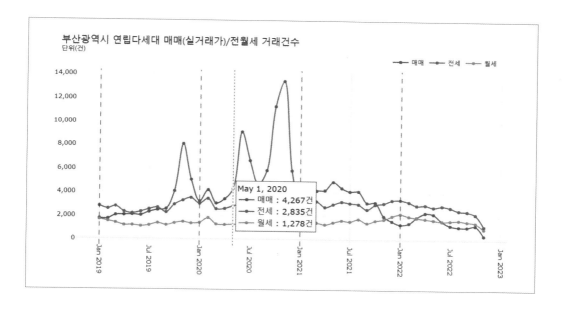

마지막으로, 서울특별시의 연립다세대의 거래량 트렌드를 확인해 봅시다.

```
type_option = 'rh'
sig_area = '서울특별시'

trade_count(trade_count_df,
            type_option,
            sig_area)
```

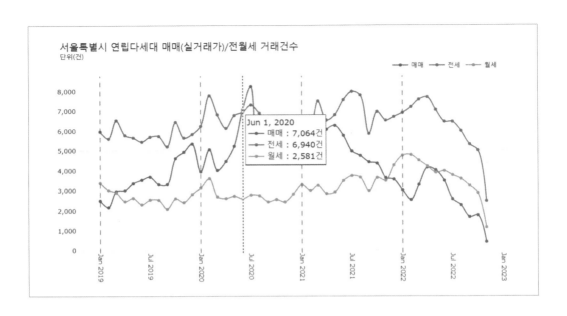

서울특별시 연립다세대 매매(실거래가)/전월세 거래건수
단위(건)

```
Jun 1, 2020
매매 : 7,064건
전세 : 6,940건
월세 : 2,581건
```

6.3 지도를 사용한 시각화

이번에는 지도를 사용한 시각화를 살펴보겠습니다. 그동안 막대 그래프와 꺾은선 그래프를 사용해 시각화를 진행했는데, 부동산에 대한 정보를 표시할 때는 지도를 사용하면 유의미한 결과를 얻을 수 있습니다.

6.3.1 지역별 부동산 거래 정보

우선 지역별 부동산 거래 정보를 표현해 보도록 하겠습니다. 전세, 월세 또는 매매를 위해 집을 알아보려고 부동산 사이트를 이리저리 찾아본 경험이 있나요? 가장 최신 정보를 사용해 이런 상황에 도움이 될 수 있는 시각 자료를 제작해 봅시다. 다음과 같이 부동산이 거래되었던 위치를 통해서 플로틀리를 사용해 점을 찍습니다.

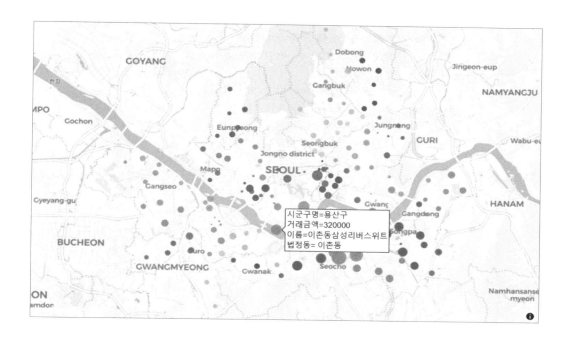

```
def map_trade(df, trade_option,
              amount_value_0,amount_value_1,
              area_value_0, area_value_1,
              year_value_0, year_value_1,
              floor_value_0, floor_value_1):


    if(trade_option == '매매'):
        df_trade_202210_2 = df
        apt_trade_202210_3 = df_trade_202210_2[
          (df_trade_202210_2['거래금액'] >= amount_value_0) &
          (df_trade_202210_2['거래금액'] <= amount_value_1) &
          (df_trade_202210_2['전용면적'] >= area_value_0) &
          (df_trade_202210_2['전용면적'] <= area_value_1) &
          (df_trade_202210_2['사용승인일'] >= year_value_0) &
          (df_trade_202210_2['사용승인일'] <= year_value_1) &
          (df_trade_202210_2['층'] >= floor_value_0) &
          (df_trade_202210_2['층'] <= floor_value_1)
          ]

        if('아파트' in df.columns):
            apt_trade_202210_3['이름'] = apt_trade_202210_3['아파트']
        elif('연립다세대' in df.columns):
```

```
            apt_trade_202210_3['법정동'] = apt_trade_202210_3['동리명']
            apt_trade_202210_3['이름'] = apt_trade_202210_3['연립다세대']
        elif('단지' in df.columns):
            apt_trade_202210_3['이름'] = apt_trade_202210_3['단지']
            apt_trade_202210_3['법정동'] = apt_trade_202210_3['동리명']


        fig = px.scatter_mapbox(apt_trade_202210_3,
                                lat="lat",
                                lon="lon",
                                hover_data={
                                    "lat" : False,
                                    "lon" : False,
                                    "이름" : True,
                                    "법정동": True,
                                    "거래금액": True
                                    },
                                color = '시군구명',
                                size = '거래금액',
                                height = 600,
                                zoom=10)

    fig.update_layout(
        mapbox_style="carto-positron",
        coloraxis_showscale=False,
        showlegend=False,
        margin={"r":0,"t":0,"l":0,"b":0}
        )


# 전세
elif(trade_option == '전세') :
    df_trade_202210_2 = df[df['월세금액'] == 0]
    apt_trade_202210_3 = df_trade_202210_2[
        (df_trade_202210_2['보증금액'] >= amount_value_0) &
        (df_trade_202210_2['보증금액'] <= amount_value_1) &
        (df_trade_202210_2['전용면적'] >= area_value_0) &
        (df_trade_202210_2['전용면적'] <= area_value_1) &
        (df_trade_202210_2['사용승인일'] >= year_value_0) &
        (df_trade_202210_2['사용승인일'] <= year_value_1) &
        (df_trade_202210_2['층'] >= floor_value_0) &
        (df_trade_202210_2['층'] <= floor_value_1)
        ]
```

```python
        if('아파트' in df.columns):
            apt_trade_202210_3['이름'] = apt_trade_202210_3['아파트']
            apt_trade_202210_3['법정동'] = apt_trade_202210_3['동리명']
        elif('연립다세대' in df.columns):
            apt_trade_202210_3['법정동'] = apt_trade_202210_3['동리명']
            apt_trade_202210_3['이름'] = apt_trade_202210_3['연립다세대']
        elif('단지' in df.columns):
            apt_trade_202210_3['이름'] = apt_trade_202210_3['단지']
            apt_trade_202210_3['법정동'] = apt_trade_202210_3['동리명']

        fig = px.scatter_mapbox(apt_trade_202210_3,
                                lat="lat",
                                lon="lon",
                                hover_data={
                                   "lat" : False,
                                   "lon" : False,
                                   "이름" : True,
                                   "법정동": True,
                                   "보증금액": True
                                   },
                                color = '시군구명',
                                size = '보증금액',
                                height = 600,
                                zoom=10)

    fig.update_layout(
        mapbox_style="carto-positron",
        coloraxis_showscale=False,
        showlegend=False,
        margin={"r":0,"t":0,"l":0,"b":0}
        )
elif(trade_option == '월세') :
    df_trade_202210_2 = df[df['월세금액'] != 0]
    apt_trade_202210_3 = df_trade_202210_2[
        (df_trade_202210_2['보증금액'] >= amount_value_0) &
        (df_trade_202210_2['보증금액'] <= amount_value_1) &
        (df_trade_202210_2['전용면적'] >= area_value_0) &
        (df_trade_202210_2['전용면적'] <= area_value_1) &
        (df_trade_202210_2['사용승인일'] >= year_value_0) &
        (df_trade_202210_2['사용승인일'] <= year_value_1) &
```

```python
                   (df_trade_202210_2['층'] >= floor_value_0) &
                   (df_trade_202210_2['층'] <= floor_value_1)
                   ]

        if('아파트' in df.columns):
            apt_trade_202210_3['이름'] = apt_trade_202210_3['아파트']
            apt_trade_202210_3['법정동'] = apt_trade_202210_3['동리명']
        elif('연립다세대' in df.columns):
            apt_trade_202210_3['법정동'] = apt_trade_202210_3['동리명']
            apt_trade_202210_3['이름'] = apt_trade_202210_3['연립다세대']
        elif('단지' in df.columns):
            apt_trade_202210_3['이름'] = apt_trade_202210_3['단지']
            apt_trade_202210_3['법정동'] = apt_trade_202210_3['동리명']

        fig = px.scatter_mapbox(apt_trade_202210_3,
                                lat="lat",
                                lon="lon",
                                hover_data={
                                    "lat" : False,
                                    "lon" : False,
                                    "이름" : True,
                                    "법정동": True,
                                    "보증금액": True,
                                    "월세금액": True
                                    },
                                color = '시군구명',
                                size = '보증금액',
                                height = 600,
                                zoom=10)

        fig.update_layout(
            mapbox_style="carto-positron",
            coloraxis_showscale=False,
            showlegend=False,
            margin={"r":0,"t":0,"l":0,"b":0}
            )

    return(fig)
```

map_trade()라는 함수에는 스트림릿에서 필터링을 사용할 수 있도록 필터를 담당하는 여러 변수를 부여했습니다. 이 함수에 포함된 변수와 그 의미는 다음과 같습니다.

- df: 데이터 프레임

- trade_option: 매매, 전세, 월세로 나뉘는 거래 옵션

- amount_value_0~1: 거래금액 또는 보증금액 (최소: 0, 최대: 1)

- area_value_0~1: 전용 면적 (최소: 0, 최대: 1)

- year_value_0~1: 건축연도 (최소: 0, 최대: 1)

- floor_value_0~1: 건물층수 (최소: 0, 최대: 1)

6.3.2 지역별 부동산 실거래가 평균

이번에는 지리 정보 데이터를 사용해 보도록 하겠습니다. 지오서비스에서 수집한 데이터를 사용하겠습니다.

지도 데이터를 표현할 때 주로 사용되는 라이브러리는 folium입니다. 그러나 여기에서는 라이브러리의 통일성을 위해 plotly의 map을 사용하겠습니다.

```python
def trade_mean_map(apart_trans4,geo_json_seoul,sig_lat_lon,sig_area):

    apart_trans5 = apart_trans4[apart_trans4['시도명'] == sig_area]
    sig_lat_lon_info = sig_lat_lon[sig_lat_lon['sig_nm'] == sig_area].reset_
index(drop = True)

    apart_trans5['거래금액_int'] = apart_trans5['거래금액'].astype(int)
    apart_trans5['거래금액'] = apart_trans5['거래금액_int'].apply(readNumber)

    fig = px.choropleth_mapbox(apart_trans5,
                               geojson=geo_json_seoul,
                               color="거래금액_int",
                               color_continuous_scale="Reds",
                               hover_data={
                                   "SIG_CD" : False,
                                   "시도명" : True,
                                   "시군구명" : True,
                                   "거래금액": True,
                                   "거래금액_int": False
                               },
                               locations="SIG_CD",
                               featureidkey="properties.SIG_CD",
                               center={"lat":sig_lat_lon_info['lon'][0],
                                       "lon":sig_lat_lon_info['lat'][0]},
                               mapbox_style="carto-positron",
                               zoom=9)

    fig.update_layout(
      margin={"r":0,"t":50,"l":0,"b":0},
      title = f'{sig_area} 시군구별 아파트 매매 거래금액 지도',
      title_font_family="맑은고딕",
      title_font_size = 18,
      hoverlabel=dict(
        bgcolor='white',
        font_size=15,
        ),
        template='plotly_white'


    )

    return fig
```

이렇게 서울시의 시군구 거래량을 표현했습니다. 추가로, 읍면동 데이터를 점으로 표현해 한 눈에 서울시의 지도 정보를 볼 수 있도록 합니다.

6.3.3 지역별 공원 정보

이번에는 지역별 공원 정보를 활용해 시각화 자료를 생성해 보겠습니다.

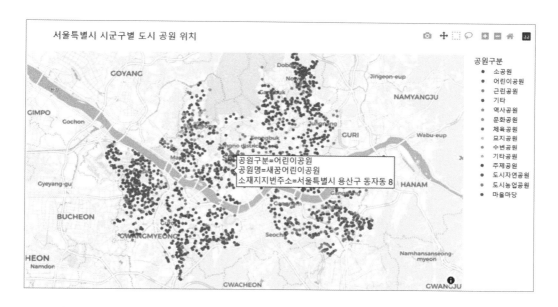

sig_area를 통해 시도를 구분 짓습니다.

```
def park_geo(park_raw, sig_area):
    public_park_df = park_raw[park_raw['시도명'] == sig_area]
    fig = px.scatter_mapbox(public_park_df,
                            lat="위도",
                            lon="경도",
                            color="공원구분",
                            hover_data={
                                "위도" : False,
                                "경도" : False,
                                "공원명" : True,
                                "공원구분": True,
```

```
                                    "소재지지번주소": True
                                    },
                            zoom = 10,
                            title = f'{sig_area} 시군구별 도시 공원 위치'
                                )

    fig.update_layout(
        mapbox_style="carto-positron",
        margin={"r":0,"t":50,"l":0,"b":0}
        )
    return(fig)
```

PART **3**

AWS를 사용한
데이터 엔지니어링

아마존 S3와 서버리스 함수

지금까지 진행한 데이터 수집 및 시각화는 매우 적은 양의 데이터를 사용해 진행되었습니다. 하지만 공공데이터는 주기적으로 갱신되기에 이에 맞게 업데이트될 필요가 있습니다. 따라서 자동으로 데이터를 수집하는 방법을 살펴보겠습니다.

데이터 수집을 자동화하는 데는 여러 가지 방법이 있습니다. 매일 처리해야 하는 데이터라면 crontab을 사용하면 좋습니다. 하지만 이 책은 파이썬과 AWS 그리고 스트림릿, 이 세 가지에 집중하기에 AWS를 사용한 자동화를 사용해 보도록 하겠습니다. AWS를 사용한 데이터 엔지니어링이 이 책의 핵심이기에 집중해서 하나씩 따라 해 보기 바랍니다.

▶ 2.0 구조

우선, AWS 아키텍처 다이어그램을 구축하기 위해 공식 AWS 아이콘을 살펴봅시다.

> ⊙ 아키텍처 다이어그램 구축을 위해 설정된 공식 AWS 아이콘
> aws.amazon.com/ko/architecture/icons

전체 다이어그램을 살펴보면 다음과 같습니다.

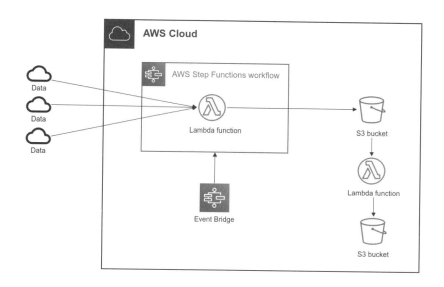

여기서 Simple Storage Service의 약자인 S3가 파일 서버 역할을 합니다. 쉽게 표현하자면 스토리지, 더 쉽게 표현해 보자면 파일들을 담는 하나의 거대한 폴더라고 이해할 수 있습니다.

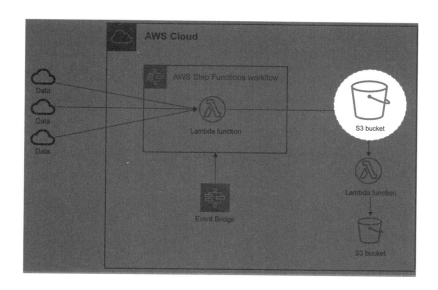

이 웹 기반의 스토리지로 언제 어디서나 원하는 양의 데이터를 저장하고 검색할 수 있습니다. 이제 수집된 데이터를 S3 버킷(bucket)에 저장하려고 합니다. S3 버킷의 용어에 대해 하나씩 알아보고 S3를 시작해 보도록 하겠습니다.

Bucket

- 버킷이라고 부릅니다. 윈도우의 폴더처럼 수집된 데이터를 저장합니다.

Objects

- 객체입니다. S3의 버킷에 저장되는 파일이라고 생각하면 됩니다. 수집한 CSV 또는 파
  켓(parquet) 파일을 객체라고 합니다.

7.1 아마존 S3

7.1.1 버킷 생성

이제 S3의 버킷을 생성하겠습니다. 우선 AWS에서 S3를 검색하면 나타나는 [S3] 메뉴를 클
릭합니다.

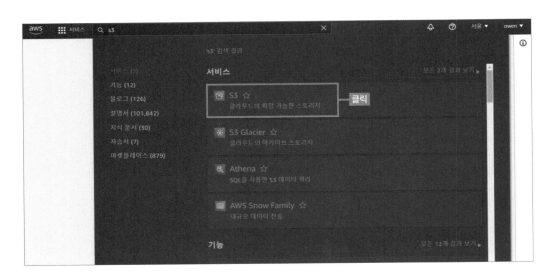

아마존(Amazon) S3의 메인 화면이 나타나면 <버킷 만들기> 버튼을 클릭합니다.

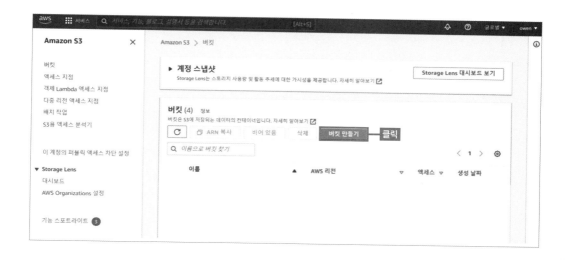

이제 버킷 이름을 부여하겠습니다. 버킷 이름에 apart-bucket이라고 작성합니다.

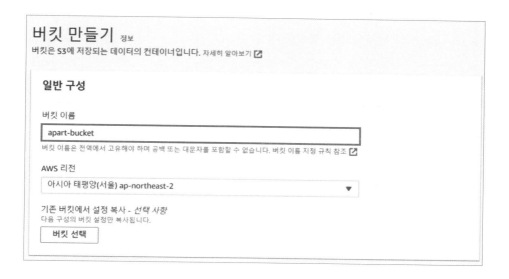

버킷 이름을 지을 때는 밑줄 문자(언더바, _)를 사용할 수 없습니다. 다음 페이지에서 버킷의 이름 지정 규칙을 살펴볼 수 있습니다.

◎ 버킷 이름 규칙

docs.aws.amazon.com/AmazonS3/latest/userguide/bucketnamingrules.html

그리고 하단의 <버킷 만들기> 버튼을 클릭합니다. 옵션은 그대로 두겠습니다.

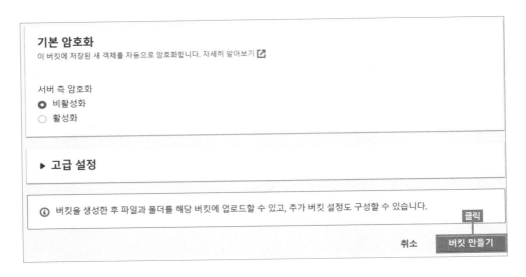

이제 apart-bucket이 생성된 것을 확인할 수 있습니다.

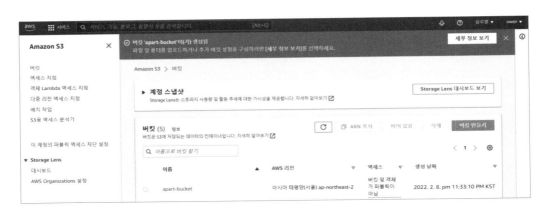

'apart-bucket'을 클릭해 보면 다음과 같은 화면이 나타납니다. 앞으로 이곳에 데이터가 쌓이게 될 것입니다.

7.2 AWS 람다 개요

AWS 람다(Lambda)는 아마존 웹 서비스에서 제공하는 서버리스(serverless) 컴퓨팅 서비스입니다. 서버 또는 클러스터에 대해 걱정 없이 코드 실행을 도와주게 됩니다.

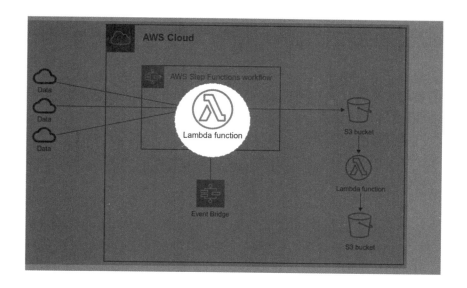

서버리스란 클라우드 개발자가 서버를 관리할 필요 없이 애플리케이션을 빌드하고 실행할 수 있도록 도와주는 서비스입니다. 일반적으로 서버는 물리 서버로 직접 구축하거나 클라우드 서버를 사용할 수 있는데, 물리 서버와 클라우드 서버는 자원에 대한 비용이 발생합니다. 반면, 서버리스 클라우드는 동적으로 서버의 자원을 할당합니다. 즉, 클라우드를 사용하지 않는 동안에는 자원을 할당하지 않고 사용할 때만 비용이 청구되어 굉장히 경제적입니다. 또한 용량 확장, 장애 복구, 모니터링과 같은 귀찮지만 꼭 필요한 작업을 클라우드 사업자가 담당해 주니 따로 신경 쓸 필요가 없습니다.

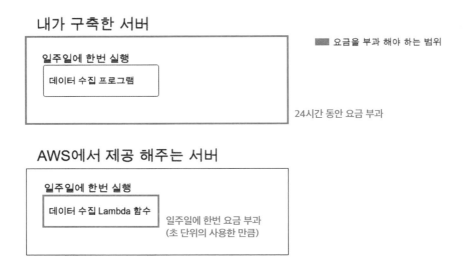

예를 들어, 앞서 구축한 EC2 서버를 24시간 동안 사용하지 않고, 특정한 상황에서만 사용하게 되면 상당한 비용을 절약할 수 있겠지요.

7.2.1 람다 기초

이제 AWS의 서버리스 서비스인 람다에 대해 알아보도록 하겠습니다. 우선 람다의 가장 기초 함수부터 실행해 봅시다. 이후에는 람다를 사용해 데이터 수집을 진행하려고 합니다.

AWS의 상단에 Lambda를 검색하고 [Lambda] 메뉴를 클릭합니다.

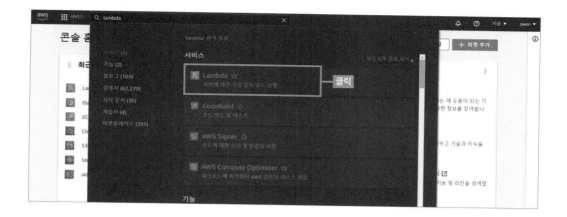

다음 화면이 나타나면 우측 상단에 <함수 생성> 버튼을 클릭합니다.

람다 함수를 만드는 방법은 크게 네 가지가 있습니다. 기본적으로 [새로 작성]을 선택해 진행합니다. 함수 이름은 hello_world로 지정하고, 런타임은 Python 3.9를 선택합니다.

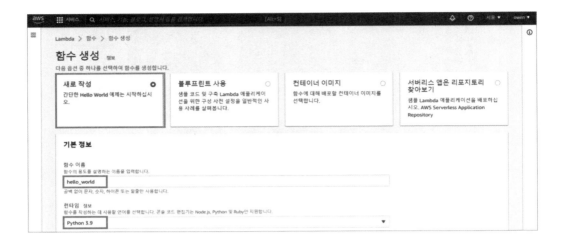

그리고 <함수 생성> 버튼을 클릭하면 다음과 같이 hello_world라는 함수가 생성됩니다. 이 때 함수는 왼쪽 Environment 창의 lambda_function.py로 파이썬으로 구성되어 있는 하나의 파이썬 스크립트입니다.

이제 이 함수가 제대로 동작하는지 기초 테스트를 진행하겠습니다. 중간에 있는 [테스트] 탭을 클릭하고 이벤트 이름은 lambda_test라고 설정합니다. 그리고 <테스트> 버튼을 클릭합니다.

다음과 같이 초록색 실행 성공 화면이 나타날 것입니다. 이로써 람다의 기초적인 테스트를 완료했습니다.

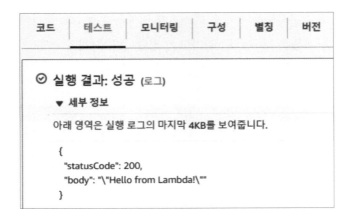

7.2.2 판다스 활용

이제 람다를 통해 공공데이터 수집을 진행해 볼 텐데, 앞으로는 붉은색의 에러 화면을 정말 자주 마주하게 될 것입니다. 에러를 해결하며 람다에 대해 깊게 이해해 봅시다.

람다 함수에 판다스를 넣어 테스트해 보도록 하겠습니다. 앞서 생성한 hello_world 함수의 메인 화면으로 넘어가서 lambda_function.py를 수정합니다. 상단에 import pandas를 입력하고 <Deploy> 버튼을 클릭해 변경사항을 저장합니다.

화면 상단의 hello_world 함수가 업데이트되었다는 메시지로 저장에 성공한 것을 확인할 수 있습니다.

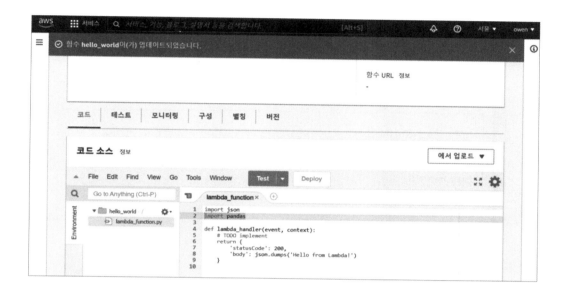

이제 테스트를 진행하겠습니다. 이벤트 이름을 pandas_test로 지정하고 <테스트> 버튼을 클릭합니다.

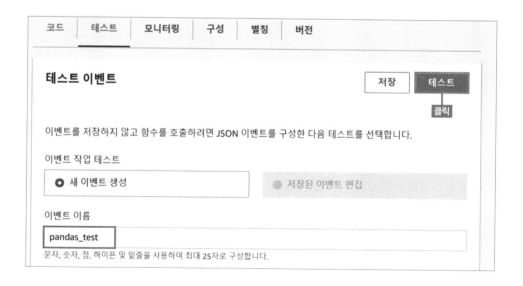

그러면 붉은색 실행 실패 화면이 나타납니다. AWS 람다를 구성하고 있는 서버에서 판다스를 지원하지 않기 때문입니다. 람다에서는 판다스뿐만 아니라 지원하지 않는 파이썬 라이브러리가 다수 있습니다. 따라서 이를 해결할 수 있는 다른 방법을 찾을 필요가 있겠습니다.

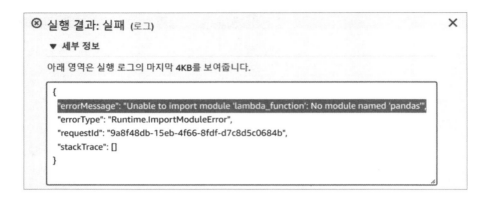

7.2.3 람다 레이어를 이용한 판다스 사용

람다 함수에서 판다스를 실행하는 방법 중 레이어(Layer)라는 것을 사용하는 방법이 있습니다. 레이어란 람다 함수에 의존성이 필요한 것들을 ZIP 파일로 묶어서 사용할 수 있도록 돕는 기능입니다.

다음과 같이 판다스 패키지를 수동으로 설치하여 묶어 주도록 하겠습니다.

```
mkdir pandas_layer
cd pandas_layer/
pip3 install -t . pandas
rm -r *.dist-info __pycache__
rm -rf pandas/numpy*
cd ..
```

```
zip -r pandas_layer.zip pandas_layer/
```

이렇게 pandas_layer.zip을 생성했으면 이를 다운로드합니다.

그리고 <계층 생성> 버튼을 클릭합니다.

그다음 계층을 생성해야 합니다. 이름을 다음과 같이 부여한 후 업로드합니다.

호환 런타임은 Python 3.9로 지정하고 <생성> 버튼을 클릭합니다.

pandas_layer_test라는 계층이 성공적으로 생성되었습니다. 이제 이를 통해 판다스를 람다 함수에 추가하겠습니다.

hello_world 람다 함수로 다시 돌아가 'Layers'를 클릭합니다.

그리고 화면 하단의 [Add a layer] 버튼을 클릭합니다.

[사용자 지정 계층]을 선택한 후 사용자 지정 계층을 'pandas_layer_test'로 지정하고 <추가>
버튼을 클릭합니다.

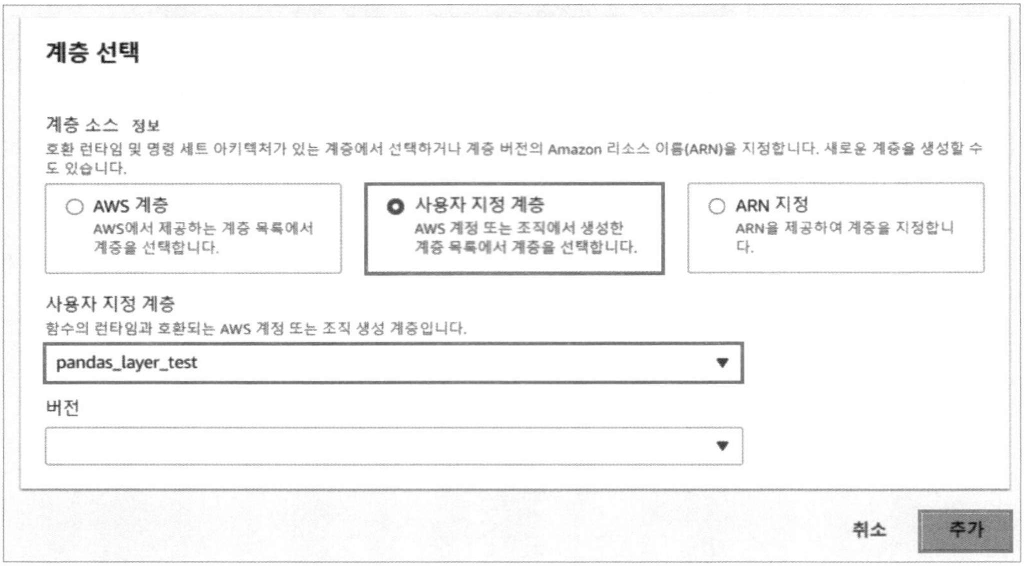

이때, 레이어를 사용하는 방법은 다음과 같은 제약이 있습니다.

1. 최대 배포 패키지 크기
   — 압축 시 50MB
   — 압축 해제 시 250MB

2. 최대 5개의 레이어

3. 아마존 리눅스와 호환되는 개발 빌드

7.3 도커를 사용한 람다 함수 실행

판다스뿐만 아니라 여러 가지 파이썬 패키지를 사용할 예정입니다. 람다에서 판다스를 사용할 또 다른 방법 중 하나인 도커(Docker)에 대해 알아보도록 하겠습니다.

람다를 사용하는 데 많은 개발자가 다양한 환경에서 함수를 구축하고 있습니다. 환경이 통일되지 않는 데에서 오는 어려움을 극복하고자 2020년 12월부터 AWS 람다는 컨테이너 이미지를 지원하기 시작했습니다.

람다 함수를 실행하는 데 도커를 사용하면 아마존 리눅스와 호환되지 않는 환경에서도 람다 함수를 배포할 수 있습니다. 참고로 이때 최대 10GB의 이미지까지 배포 가능합니다. 이제 람다 도커에 대해 간단하게 알아보도록 하겠습니다.

7.3.1 도커란?

우선 도커에 대해 알아보도록 하겠습니다. 도커는 애플리케이션을 신속하게 구축하고 테스트 및 배포할 수 있도록 돕는 컨테이너 기반 가상화 플랫폼입니다. 도커를 사용하면 환경에 구애받지 않고 애플리케이션을 신속하게 배포 및 확장할 수 있습니다. 앞서 언급했듯이 람다를 이용하는 개발자들은 같은 환경이 아니기에 다양한 운영체제를 사용하고 있습니다. 이때 윈도우, 리눅스, 맥OS 등 서로 다른 환경에서도 동일한 동작이 보장되는 컨테이너를 구축하게 해 주는 것이 도커입니다.

그래도 처음에는 이해하기 어렵지요? 더 간단하게 설명해 보겠습니다. 간혹 우리나라와 미국의 전기 콘센트를 떠올려 봅시다. 우리나라는 220V를 사용하고 미국은 110V가 표준이기에 서로 다른 콘센트를 사용하며 이 때문에 우리나라의 가전기기는 미국에서 사용할 수 없습니다. 여기서 우리나라와 미국을 각기 다른 운영체제라고 생각하면 되겠습니다.

서비스에 대한 고객이 우리나라가 될지 미국이 될지 모르기에 도커를 사용해 가상의 콘센트를 통일시켜 주겠습니다. 이렇게 가상의 콘센트가 포함된 도면을 이미지(image)라고 부릅니다. 그렇게 된다면, 우리나라에서도 미국에서도 똑같은 인테리어를 사용할 수 있습니다. 조금이나마 이해가 되었을까요? 그러면 이제 도커를 통한 람다 함수를 배포해 보도록 하겠습니다.

이제부터가 핵심입니다. 우선 다음 그림을 보면서 프로세스를 확인해 보겠습니다.

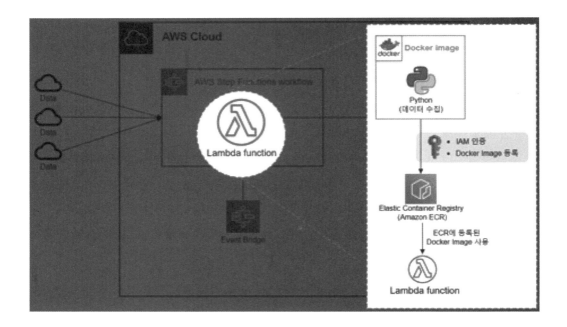

람다 함수에 도커를 사용하려면 도커 이미지를 ECR에 등록한 후 람다에서 가져와야 합니다.

7.3.2 IAM이란?

IAM이란 Identity and Access Management의 약자로 AWS의 권한을 관리하는 서비스입니다. 첫 계정을 생성했을 때는 루트 권한의 계정으로 사용하게 됩니다. 그러나 AWS는 루트 사용자를 작업용으로 사용하지 않을 것을 강력히 권장하고 있습니다. 따라서 작업용으로는 루트 사용자 대신 필요한 권한만을 설정한 IAM 계정을 만들어 사용하도록 합시다. 예시를 통해 배워 보도록 하겠습니다.

▶ 상황 1

1층 화장실, 2층 화장실, 1반 교실, 2반 교실이 있는 학교를 생각해 보겠습니다. 모든 열쇠를 관리자 한 명이 관리하는 경우입니다.

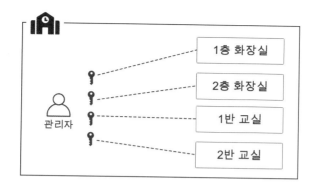

▶ 상황 2

이때 도둑이 들어 관리자의 열쇠가 도난당할 경우 학교 내부의 모든 보안이 뚫리게 됩니다. 모든 보안이 뚫리게 된다면 어마어마한 손실이 발생하게 될 위험이 있습니다.

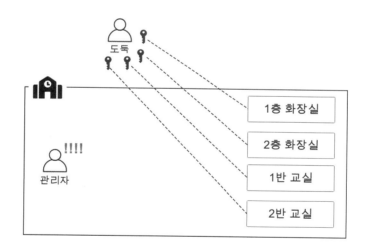

그렇다면 어떻게 해결해야 할까요?

▶ 상황 3

열쇠가 분실될 위험이 있으니 관리자는 경비가 삼엄한 곳에 피신하고 선생님 A, 선생님 B에게 열쇠를 2개씩 나누어 주었습니다.

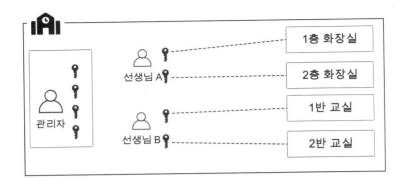

이제 도둑이 들어도 4개의 열쇠를 모두 분실하게 되는 위험이 줄었습니다.

▶ 상황 4

조금 더 세분화해 보도록 하겠습니다. 이제 선생님 A는 1반, 선생님 B는 2반을 책임지고 각 반의 학생에게도 열쇠를 맡겨 화장실과 교실에 대한 권한을 분배합니다.

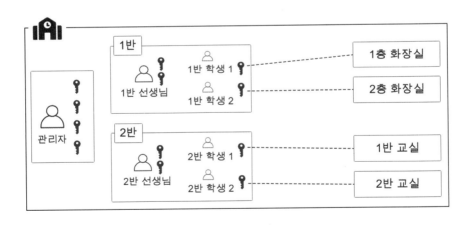

이제 관리자와 선생님들의 보안을 강화하면 도둑이 들어도 열쇠를 여러 개 분실하는 일이 없습니다. 이는 AWS의 IAM에 비교할 수 있습니다.

▶ AWS 상황 1

앞서 언급한 학교 예시를 AWS 구조로 치환하면 다음과 같습니다.

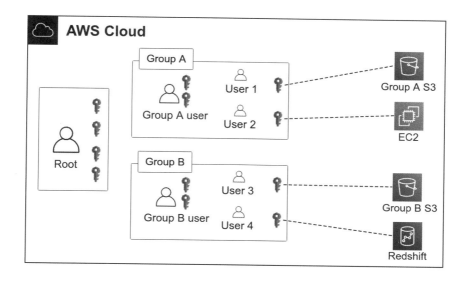

관리자는 Root로, 선생님과 학생은 User로 자리 잡게 됩니다. 그리고 화장실과 교실은 AWS 에서 제공하는 서비스인 S3, EC2, Redshift로 이해할 수 있습니다.

▶ AWS 상황 2

물론 이 상황에서는 Group B의 User 3 역시 Group A의 권한을 얻을 수 없습니다.

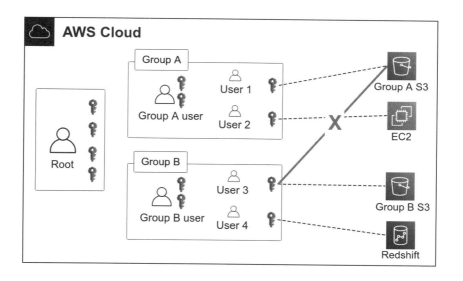

7.3.3 IAM 액세스 키 확보

앞서 쉬운 예시를 통해 IAM에 대해 알아보았습니다. 이제 IAM 키, 그리고 그룹과 유저를 얻어 보도록 하겠습니다. 우선, 도커 이미지는 ECR에 등록 후 사용해야 하며 ECR 등록을 위해서는 IAM에 대해 알고 사용할 수 있어야 합니다.

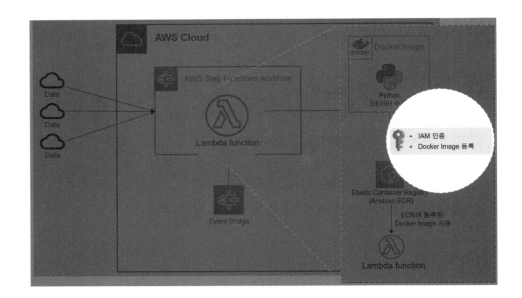

▶ IAM 그룹 생성

먼저, IAM을 검색한 후 [IAM] 메뉴를 클릭합니다.

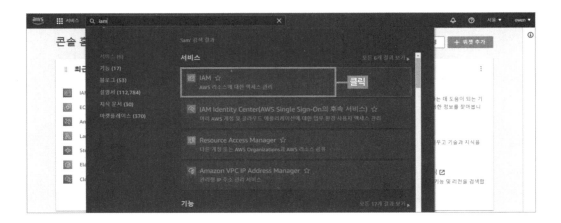

왼쪽의 [사용자 그룹] 메뉴에서 우측 상단의 <그룹 생성> 버튼을 클릭합니다.

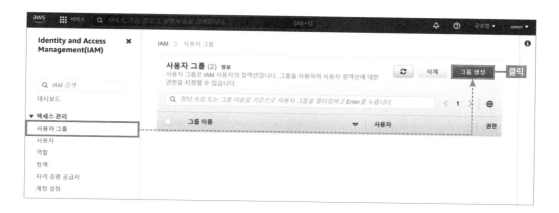

이제 IAM의 사용자 그룹 이름에 python-apart를 작성합니다. 그리고 아래로 스크롤하여 권한을 설정합니다.

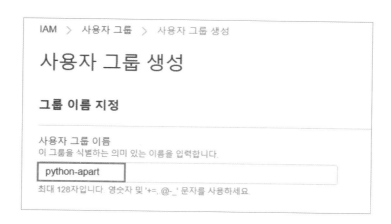

학교 예시에서의 열쇠를 기억해 보며 각 그룹에 대한 권한을 부여해 보도록 하겠습니다. 우선은 S3를 검색한 후 'AmazonS3FullAccess' 정책을 선택하고 <그룹 생성> 버튼을 클릭합니다.

이렇게 python-apart라는 그룹이 생성되었습니다. 현재 python-apart에는 S3만 접근이 가능하도록 권한을 부여해 주었습니다.

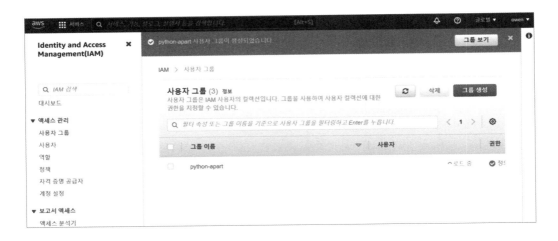

▶ IAM 유저 생성

앞서 IAM 그룹을 생성해 보았으니 이번에는 IAM 유저를 생성해 보겠습니다. 권한 수정이 필요한 경우가 자주 발생하므로 따로 권한을 추가하는 방법도 안내하도록 하겠습니다.

우선 왼쪽의 [사용자] 메뉴에서 <사용자 추가> 버튼을 클릭합니다.

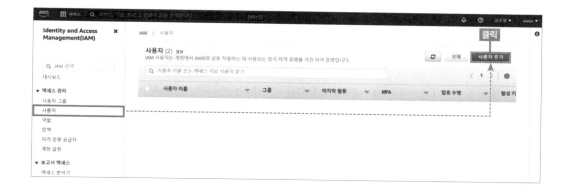

사용자 이름은 apart-user로 지정하고 [액세스 키 – 프로그래밍 방식 액세스]와 [암호 – AWS 관리 콘솔 액세스]를 선택한 후 [사용자 지정 비밀 번호]를 설정합니다. 이후 <다음: 권한 버튼>을 클릭합니다.

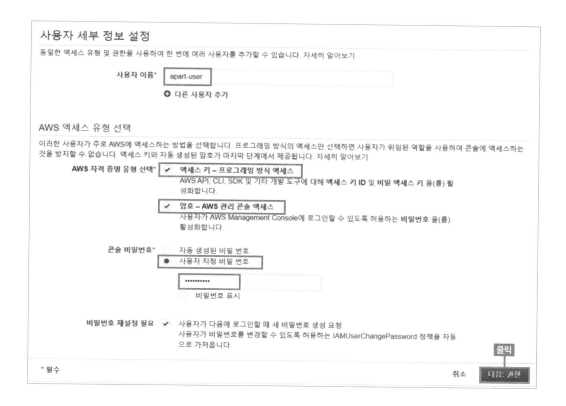

이제 권한 설정에서 [그룹에 사용자 추가]를 클릭하고 기존에 생성한 [python-apart] 그룹을 선택합니다. 그리고 <다음: 태그> 버튼을 클릭합니다.

이제 태그를 추가하겠습니다. 태그 추가는 선택 사항이지만 정리하는 데 도움이 되기에 남기는 것이 좋습니다.

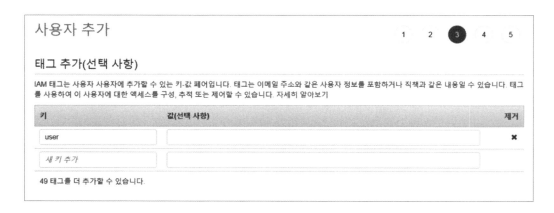

IAM 사용자 추가 정보입니다. 사용자 이름은 apart-user, 그룹 정보는 python-apart로 설정되어 있는 것을 확인할 수 있습니다. <사용자 만들기> 버튼을 클릭합니다.

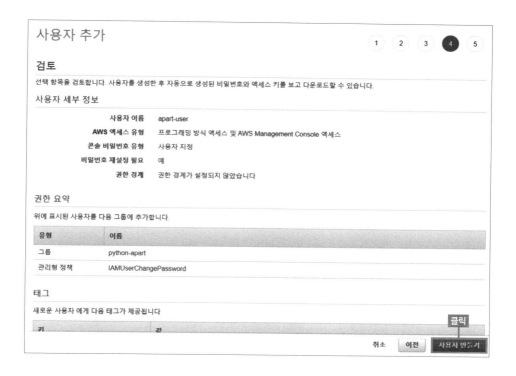

사용자 추가의 성공 화면입니다. 여기서 계정 ID와 액세스 키 ID, 시크릿 키를 잘 보관해 두어야 합니다. <.csv 다운로드> 버튼을 클릭하여 저장합니다.

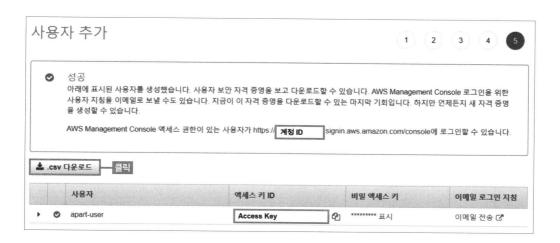

IAM 대시보드로 넘어가 보면 다음과 같은 화면이 나타납니다. IAM의 계정 ID의 경우 외우기 어려우니 계정 별칭을 부여하겠습니다.

계정의 별칭을 부여한 후 <변경 사항 저장> 버튼을 클릭합니다.

다음은 apple-pie라는 별칭이 부여된 결과입니다. 이제 이를 사용해서 로그인해 보도록 하겠습니다.

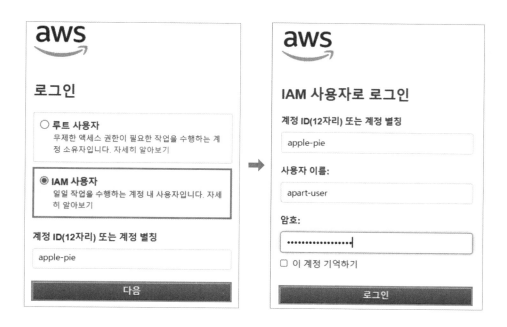

AWS 계정

계정 ID

계정 ID

계정 별칭

apple-pie 편집 | 삭제

이 계정의 IAM 사용자를 위한 로그인 URL

https://apple-pie.signin.aws.amazon.com/console

▶ IAM 로그인

루트 사용자로 로그인된 상태에서 로그아웃 후 로그인 페이지로 넘어가 봅시다. 다음과 같이 로그인은 루트 사용자와 IAM 사용자로 나뉩니다. 이제 루트 사용자가 아닌 IAM 사용자로 접속하려고 하니 [IAM 사용자]를 선택하고 <다음> 버튼을 클릭합니다. 그리고 계정 ID 또는 계정 별칭을 입력해야 하는데, 앞서 apple-pie라는 계정 별칭을 만들었으니 12자리 숫자 ID 대신 계정 별칭으로 접속합니다. 사용자 이름(apart-user)과 비밀번호까지 입력하고 <로그인> 버튼을 클릭합니다.

로그인 후 우측 상자에서 정보를 확인해 보도록 하겠습니다. 다음과 같이 계정 ID와 IAM 사용자 정보가 나타나면 성공입니다.

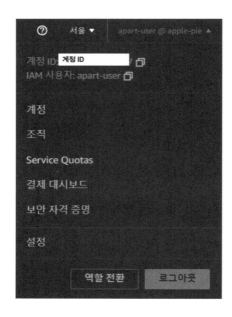

이제 EC2 부분을 확인해 볼까요? S3에만 권한을 주었습니다. 이럴 때 IAM 이용자가 EC2에 접근하려고 하면 어떻게 되는지 확인해 보도록 하겠습니다.

IAM 유저 apart-user는 EC2에 대한 권한을 받지 못했습니다. 이제 추가로 권한을 설정하는 방법을 알아보도록 하겠습니다. 다음 그림과 함께 내용을 이해해 봅시다.

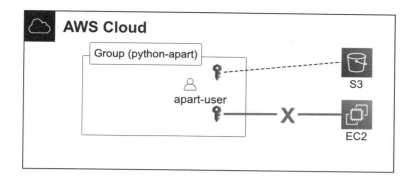

▶ IAM 그룹 권한 설정

이제 apart-user에 권한을 부여하겠습니다. 우선, IAM 사용자에 대해 로그아웃하고 루트 사용자로 다시 로그인한 후 IAM 서비스 화면으로 넘어갑니다. 그리고 [사용자 그룹] 메뉴의 [권한] 탭에서 <권한 추가>의 [정책 연결] 메뉴를 선택합니다.

권한 정책 연결에 각 키워드를 통해 다음과 같은 권한을 부여하도록 하겠습니다. 다음의 키워드를 하나씩 검색하여 설정합니다.

- AmazonEC2FullAccess: EC2의 권한을 얻습니다.
- AmazonS3FullAccess: S3의 권한을 얻습니다.
- CloudWatchFullAccess: CloudWatch의 권한을 얻습니다.

- AmazonRedshiftFullAccess: Redshift의 권한을 얻습니다.

- AWSStepFunctionsFullAccess: Step Function의 권한을 얻습니다.

- AmazonEventBridgeFullAccess: EventBridge의 권한을 얻습니다.

이렇게 사용자 그룹의 권한 페이지를 확인해 보면 추가한 권한이 올라간 것을 확인할 수 있습니다.

이 책에서는 AWS CLI를 사용하는 데 또는 S3에 업로드하는 데 IAM에서 액세스 키와 시크릿 키만 있어도 됩니다. 하지만 보안상의 이유로도 IAM에 대해 알고 있으면 좋으니 충분히 숙지하고 넘어갑시다.

7.3.4 아마존 ECR 알아보기

이번에는 아마존 ECR에 대해 알아보도록 하겠습니다. Elastic Container Registry의 약자인 ECR은 AWS의 관리형 컨테이너 이미지 등록 서비스입니다. 쉽게 말해서 컨테이너에 도커 이미지를 업로드하고 사용할 예정이고, ECR은 이를 관리해 주는 서비스입니다.

여기서는 폴더와 유사한 기능으로 리포지토리를 사용하는데, 깃(git)을 알고 있다면 개념 이해에 큰 도움이 될 것입니다.

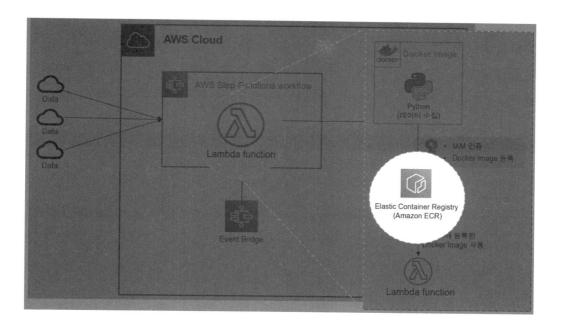

▶ AWS ECR 리포지토리 생성

우선 AWS 검색을 해 봅니다. 이번에는 약자인 ECR가 아닌 Elastic Container Registry로 검색하여 들어가 봅니다.

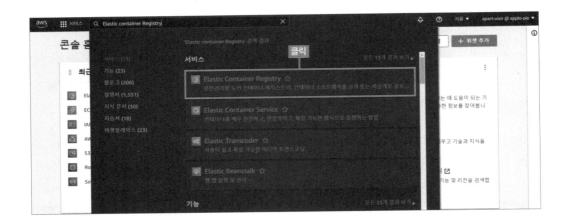

이제 [Repositories] 메뉴의 다음 페이지에서 리포지토리를 생성합니다. 먼저 <리포지토리 생성> 버튼을 클릭합니다.

그다음 [프라이빗]을 선택하고 리포지토리 이름에 python-apart를 작성합니다.

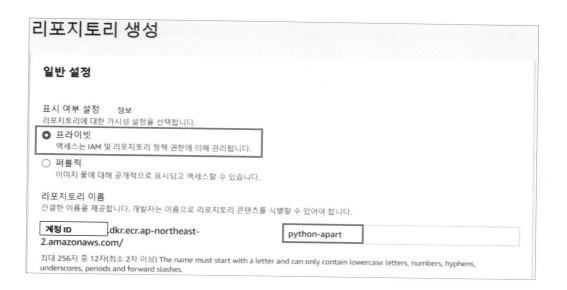

스크롤을 내려 <리포지토리 생성> 버튼을 클릭하면 리포지토리가 생성됩니다.

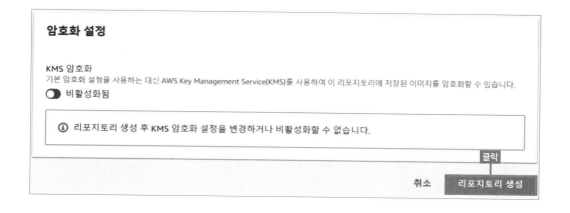

앞으로 python-apart라는 리포지토리에 컨테이너 이미지를 업로드할 것입니다. 리포지토리 이름을 클릭해 들어가 봅시다.

아직은 빈 리포지토리입니다. 이번에는 이곳에 이미지를 업로드하는 방법을 알아보도록 하겠습니다. 우측 상단의 <푸시 명령 보기> 버튼을 클릭합니다.

이미지를 푸시하는 가이드를 제공합니다. 여기서 AWS CLI 사용 부분의 코드를 복사하여 사용해 봅니다.

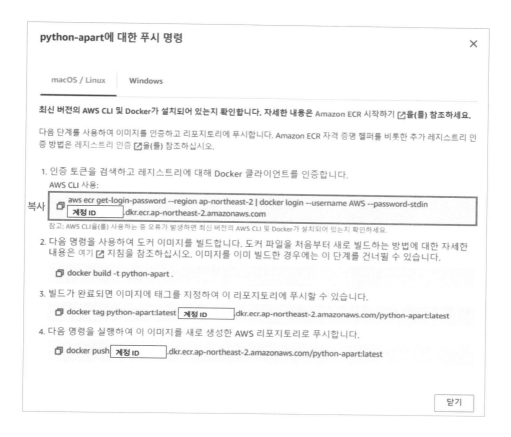

▶ 에러 발생

다음과 같은 에러가 발생합니다.

```
ubuntu@ip-              :~$ aws ecr get-login-password --region ap-northeast-2 | d
ocker login --username AWS --password-stdin  계정ID      .dkr.ecr.ap-northeast-2.
amazonaws.com

Command 'aws' not found, but can be installed with:

Command 'docker' not found, but can be installed with:

sudo snap install docker     # version 20.10.17, or
sudo apt  install docker.io  # version 20.10.7-0ubuntu5~20.04.2

See 'snap info docker' for additional versions.

sudo snap install aws-cli  # version 1.15.58, or
sudo apt  install awscli   # version 1.18.69-1ubuntu0.20.04.1

See 'snap info aws-cli' for additional versions.
```

ECR에 대해서는 이곳에서 잠시 마무리하고, 먼저 에러를 해결하고 넘어가 보도록 하겠습니다.

▶ AWS CLI 설치 및 AWS IAM 등록

리포지토리 푸시 에러가 발생하는 이유 중 하나는 현재 AWS CLI를 지원하지 않기 때문입니다. 현재 운영체제는 우분투 20.04로, AWS CLI가 설치되어 있지 않습니다.

물론 운영체제를 리눅스 2로 선정했다면, 따로 설치하지 않아도 AWS CLI를 지원합니다. 그러나 이 책에서는 윈도우, 맥OS, 개인 서버 등 여러 환경에서의 에러를 접하고 해결해 나가는 방식에 대해 학습하기 위해 AWS EC2 중 AWS CLI가 설치되어 있지 않은 우분투를 이용합니다. 따라서 EC2의 인스턴스에 AWS CLI를 설치해야 합니다.

EC2 CLI 환경으로 넘어가서 AWS CLI를 설치하도록 하겠습니다. EC2 커맨드에서 다음 명령어를 작성합니다.

```
$ sudo apt install awscli
```

설치가 완료되면 다음 명령어로 확인합니다.

```
$ aws —version
aws-cli/1.25.92 Python/3.8.0 Linux/5.4.0-1059-aws botocore/1.27.91
```

설치된 것을 확인했으니 액세스 키와 시크릿 키를 입력하여 정보를 입력하겠습니다. IAM 유저 생성 시 받았던 키를 입력하면 됩니다.

```
$ aws configure
AWS Access Key ID [********************]: Access key 입력
AWS Secret Access Key [********************]: Secret Key 입력
Default region name [ap-northeast-2]: ap-northeast-2
Default output format [json]:
```

이렇게 aws configure를 통해 등록합니다. 잘 등록되었는지 aws s3 ls 명령어를 입력해 확인합니다. 다음과 같이 이전에 생성한 S3 각 버킷의 리스트를 보여 줍니다.

```
$ aws s3 ls
 2022-10-19 00:26:32 apart-bucket
```

apart-bucket이라는 버킷이 표시되면 ECR에 도커 이미지를 업로드하는 절차가 마무리됩니다.

▶ 파이썬 코드 작성

이제 파이썬 샘플 코드와 도커 이미지를 생성해 ECR에 업로드하겠습니다. 우선, 테스트할 파이썬 파일부터 생성해 보겠습니다.

VSCode를 열어 lambda_test.py라는 파이썬 파일을 생성하겠습니다. 여기서 주목할 만한 모듈은 boto3, pytz, pandas입니다.

```
import json
from datetime import datetime
from pytz import timezone
import pandas as pd
import os
import boto3

AWS_ACCESS_KEY_ID = "IAM Access Key"
AWS_ACCESS_KEY_SECRET = "IAM Secret Key"

# set aws credentials
s3r = boto3.resource('s3',
    aws_access_key_id=AWS_ACCESS_KEY_ID,
    aws_secret_access_key=AWS_ACCESS_KEY_SECRET)
bucket = s3r.Bucket('python-apart')

data = pd.DataFrame({
    "a":[1,2,3],
    "b":['a','b', 'c']
})
```

```
def lambda_handler(event, context):
    current_time = datetime.now(timezone('Asia/Seoul'))
    print(current_time )

    file_name = "apart_trans" + current_time + ".csv"


    data.to_csv("/tmp/python_test.csv")
    bucket.upload_file("/tmp/python_test.csv",file_name)
    # TODO implement
    return {
        'statusCode': 200,
        'body': json.dumps('Success !')
    }
```

boto3 모듈은 파이썬과 S3를 연동합니다. 여기서도 IAM에서 얻었던 액세스 키와 시크릿 키를 필요로 합니다.

boto3 모듈을 통해 버킷에 CSV 파일을 넣어 줄 예정입니다. pandas 모듈은 데이터 프레임을 만들어 CSV 형태로 변환하는 역할을 하게 됩니다. pytz 모듈은 파이썬에서 서울의 시간을 얻을 때 필요합니다. 람다의 경우 UTC 기준이기에 서울 기준의 시간을 따로 추가해야 합니다.

7.3.5 도커 파일 생성

이제 도커 파일을 생성해야 합니다. 한 단계씩 차근차근 따라 해 봅시다.

▶ 도커 설치

우선 도커를 설치하겠습니다. EC2 커맨드에서 다음 명령어를 하나씩 입력합니다.

```
$ sudo apt update

$ sudo apt install apt-transport-https ca-certificates curl software-properties-
```

```
common

$ curl -fsSL https://download.docker.com/linux/ubuntu/gpg | sudo apt-key add -

$ sudo add-apt-repository "deb [arch=amd64] https://download.docker.com/linux/
ubuntu bionic stable"

$ sudo apt update

$ apt-cache policy docker-ce

$ sudo apt install docker-ce
```

도커 설치가 완료되면 다음 명령어를 통해 버전을 확인합니다.

```
$ docker --version
Docker version 20.10.6, build 370c289
```

버전이 정상적으로 출력되면 설치가 성공적으로 마무리된 것입니다. 이제 사용자를 추가하겠습니다. 이때 username은 우분투의 계정명입니다.

```
$ sudo usermod -aG docker {username}
```

계정 추가 후에는 꼭 재부팅을 진행해야 합니다.

▶ requirements.txt 파일 생성

도커에서 만든 이미지는 아무것도 없이 황량합니다. 따라서 사용할 라이브러리는 따로 설치해야 합니다.

requirements.txt 파일을 생성하고 이곳에 설치할 라이브러리를 나열합니다. 이번 테스트를 통해 requirements.txt에서 따로 설치해야 할 리스트는 다음과 같습니다.

```
pandas
```

```
pytz
```

이제 Dockerfile이라는 텍스트 파일을 생성합니다. 그리고 다음 코드를 하나씩 작성합니다.

- FROM: 도커 이미지를 생성할 때 기본 이미지를 지정합니다.
- COPY: 생성된 도커 이미지로 파일을 복사합니다.
- RUN: FROM으로 생성된 이미지에서 실행할 리눅스 명령어를 작성합니다.
- CMD: 컨테이너가 시작됐을 때 실행할 셸 스크립트입니다.

```
FROM public.ecr.aws/lambda/python:3.8

COPY lambda_test.py ${LAMBDA_TASK_ROOT}

COPY requirements.txt  .

RUN  pip3 install -r requirements.txt --target "${LAMBDA_TASK_ROOT}"

CMD [ "lambda_test.lambda_handler" ]
```

lambda_test.lambda_handler 함수를 호출하며 마무리되는 도커 파일이 생성됩니다.

7.3.6 아마존 ECR에 도커 이미지 등록

이제 이 도커 파일로 이미지를 생성하고 이를 AWS ECR에 올려 보도록 하겠습니다. AWS CLI도 설치했고 도커 파일도 생성했으니 문제없이 진행할 수 있습니다.

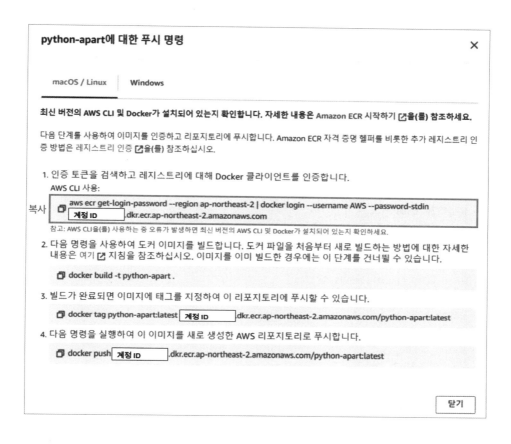

다음 명령어를 통해 AWS CLI의 인증 토큰으로 도커 클라이언트를 인증합니다.

```
$ aws ecr get-login-password --region ap-northeast-2 | docker login --username AWS
--password-stdin

WARNING! Your password will be stored unencrypted in /home/ubuntu/.docker/config.
json.
Configure a credential helper to remove this warning. See
https://docs.docker.com/engine/reference/commandline/login/#credentials-store

Login Succeeded
```

이제 다음 명령어를 활용해 도커 이미지를 생성합니다. 되도록이면 도커 파일이 있는 경로에서 진행합니다. 기본 명령어는 다음과 같습니다.

- 'docker build -t {이미지이름}:{태그} (경로)'

test_image라는 이미지를 생성하고 tag1이라는 태그를 추가했습니다. 또한 경로는 점(.)을 찍어 현재 경로의 도커 파일을 사용해 줍니다.

```
$ docker build -t test_image:tag1 .

Sending build context to Docker daemon  2.768MB
Step 1/5 : FROM public.ecr.aws/lambda/python:3.8
 ---> 82df23e265b1
Step 2/5 : COPY lambda_test.py ${LAMBDA_TASK_ROOT}
 ---> Using cache
 ---> 389b58c6dc94
Step 3/5 : COPY requirements.txt  .
 ---> Using cache
 ---> c19a57b354d8
Step 4/5 : RUN  pip3 install -r requirements.txt --target "${LAMBDA_TASK_ROOT}"
 ---> Using cache
 ---> c0c2a0652142
Step 5/5 : CMD [ "lambda_test.lambda_handler" ]
 ---> Using cache
 ---> 8c9e0237eab1
Successfully built 8c9e0237eab1
Successfully tagged test_image:tag1
```

이제 이 test_image를 앞서 생성한 ECR의 python-apart 리포지토리에 등록을 진행하도록 하겠습니다. 기본 명령어는 다음과 같습니다.

```
$ docker tag {이미지이름}:{태그} $ACCOUNT_ID.dkr.ecr.ap-northeast-2.amazonaws.
com/{리포지토리이름}:{태그}
```

다음과 같이 실행합니다.

```
$ docker tag test_image:tag1  $ACCOUNT_ID.dkr.ecr.ap-northeast-2.amazonaws.com/
python-apart:tag1
```

이제 이를 가지고 push 명령어를 통해 ECR에 등록하도록 하겠습니다. 기본 명령어는 다음과 같습니다.

```
$ docker push $ACCOUNT_ID.dkr.ecr.ap-northeast-2.amazonaws.com/
{리포지토리이름}:{태그}
```

push 명령어를 다음과 같이 실행합니다.

```
$ docker push $ACCOUNT_ID.dkr.ecr.ap-northeast-2.amazonaws.com/python-apart:tag1
```

문제없이 실행되었다면 ECR 리포지토리에 tag1이라고 태그된 이미지가 올라갑니다.

7.3.7 람다 함수 실행

이제 다시 람다로 넘어가서 ECR 리포지토리에 올라간 이미지를 사용해 보도록 하겠습니다.

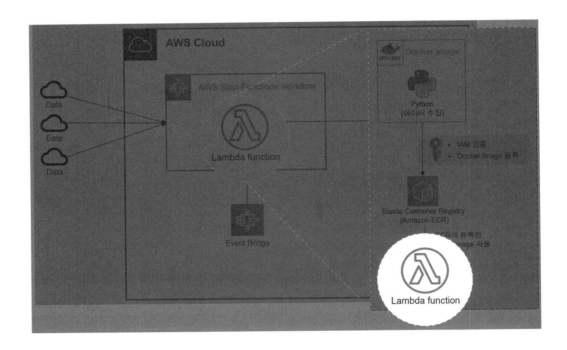

그전에 이전 과정을 다시 한번 확인하며 전반적인 가이드를 짚고, 에러가 발생했을 때 대처하는 방법에 대해 알아보도록 하겠습니다.

▶ 에러 발생

도커를 사용한 람다 함수 사용에도 무수히 많은 에러가 발생합니다. 책을 보면서 따라 하더라도 사소한 오타로 인해 에러가 발생할 수 있습니다. 이때, 다시 실행하는 방법에 대해 알아보도록 하겠습니다. 에러가 발생하면 당황하지 말고 다음 과정을 진행합시다.

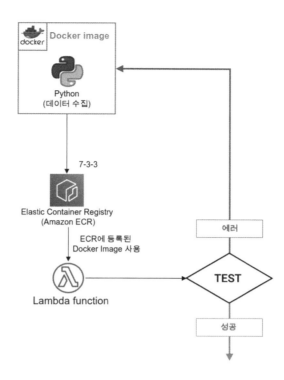

다음은 람다의 대시보드입니다. <함수 생성> 버튼을 클릭하여 새로운 함수를 생성합니다.

다음 화면에서 컨테이너 이미지를 선택합니다. 그리고 함수 이름을 docker_lambda로 지정한 후 <이미지 찾아보기> 버튼을 클릭합니다.

다음은 컨테이너 이미지를 선택하는 과정입니다. 이미 ECR에서 이미지를 생성했으니 이를 사용하도록 하겠습니다.

업로드했던 python-apart 이미지가 보입니다. 이를 클릭합니다.

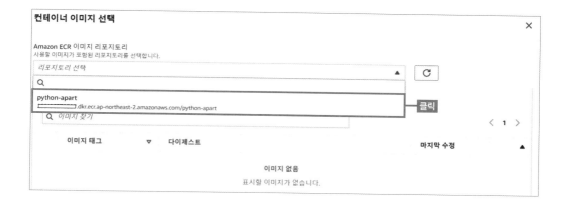

이미지를 선택했으니 <이미지 선택> 버튼을 클릭합니다.

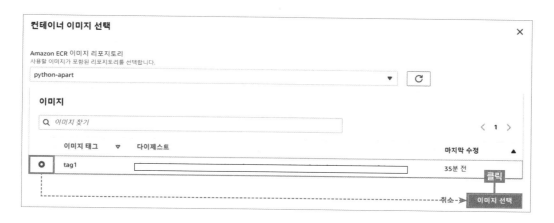

이제 이를 가지고 함수를 만들어 봅시다. <함수 생성> 버튼을 클릭합니다.

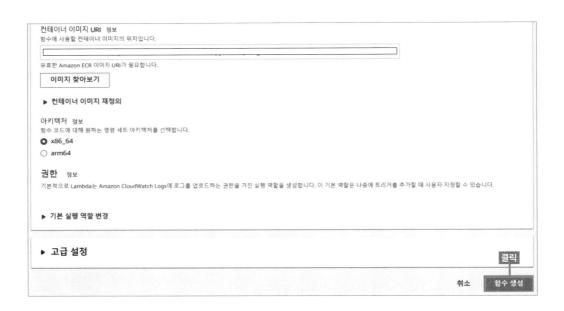

docker_lambda라는 이미지가 생성되었습니다. 그럼 한번 테스트해 볼까요? 화면 하단에 보이는 [테스트]를 클릭합니다.

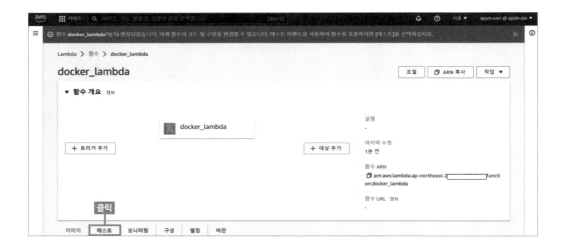

이제 이벤트명을 작성합니다. 이번에는 lambda_docker_test라고 지정하겠습니다. 그리고 <테스트> 버튼을 클릭합니다.

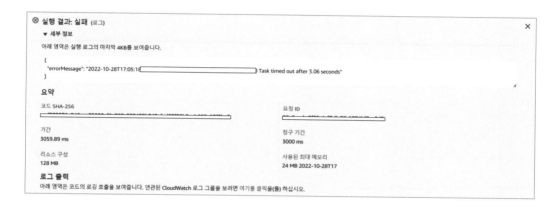

실행 결과를 보니 실패했습니다. 실행 실패의 이유를 알아봅시다.

[구성] 탭에서 <편집> 버튼을 클릭합니다.

여기서 제한 시간을 10분으로 설정하고 저장합니다.

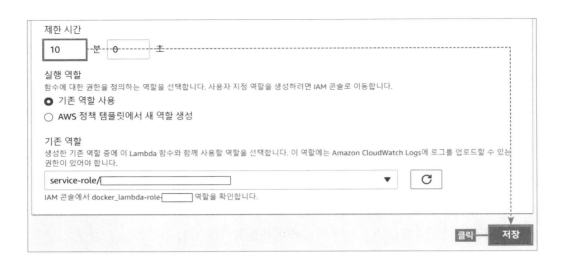

그리고 다시 테스트를 진행해 봅시다. 다음과 같이 실행 결과가 성공인 것을 확인할 수 있습니다. 그렇다면 그 과정을 살펴볼까요? 실행 결과 옆에 있는 <로그>를 클릭합니다.

로그 스트림이 보입니다. 링크를 클릭해 보세요.

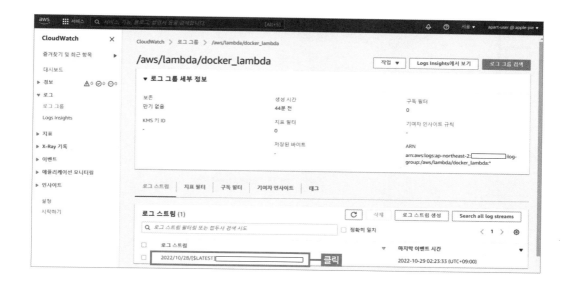

테스트한 로그들이 보입니다.

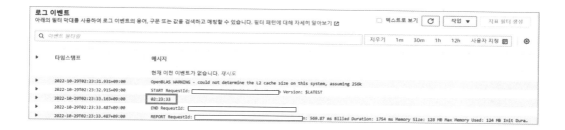

S3 버킷으로 넘어가 결과를 살펴봅시다. 그리고 파일이 잘 들어왔는지 확인해 보겠습니다.

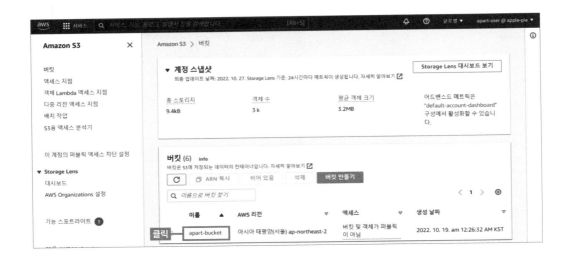

성공적으로 날짜와 같이 CSV 파일이 올라왔습니다.

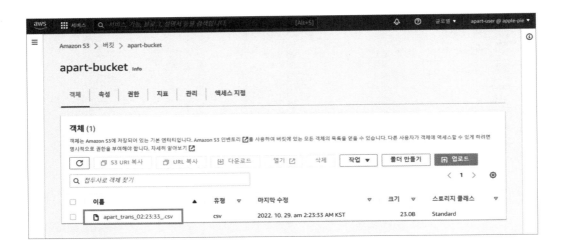

자, 고생했습니다. 람다 함수를 사용한 데이터 수집 테스트가 성공했습니다.

CHAPTER

데이터 수집 파이프라인과
데이터베이스

08

8.1 Step Function

이제 여러 가지 데이터를 수집할 파이프라인이 필요합니다. Step function이 이를 해결해 주는데요. 하나씩 알아보도록 하겠습니다.

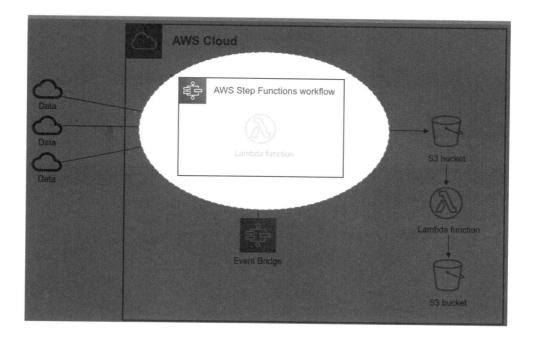

8.1.1 Step Function 생성

우선 Step Function을 검색해서 들어가 보도록 하겠습니다.

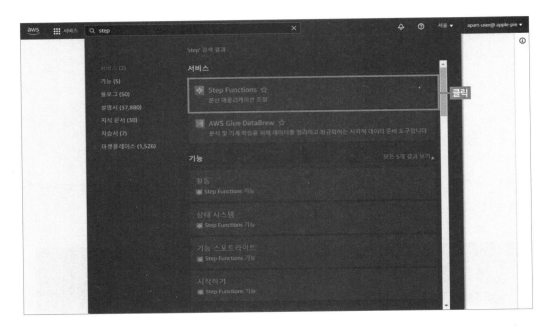

다음 페이지에서 <상태 머신 생성> 버튼을 클릭합니다.

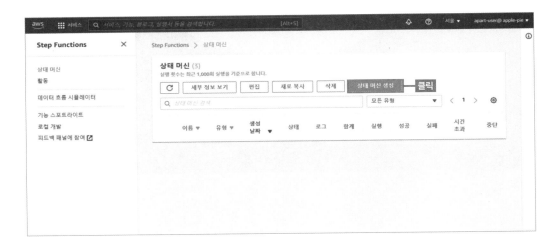

그리고 다음과 같이 [시각적으로 워크플로 설계]를 선택한 후 유형은 [표준]을 선택하고 <다음> 버튼을 클릭합니다.

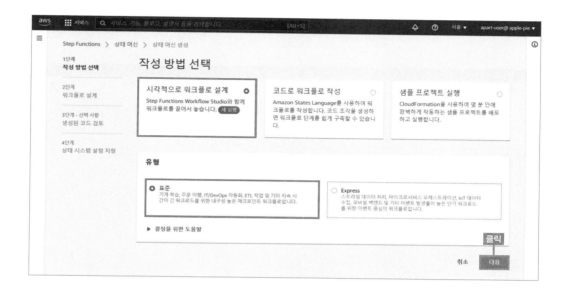

Step Function의 워크플로를 설계하는 화면입니다. 우선 [흐름] 탭을 먼저 클릭해 봅니다.

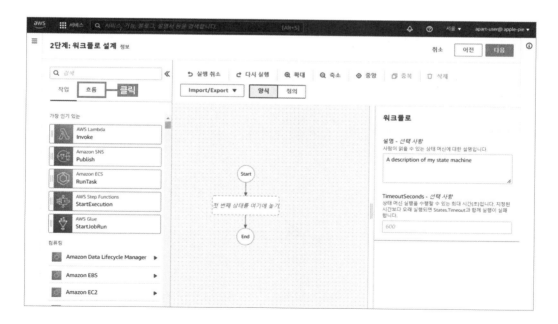

여기에서 파이프라인을 구축합니다. 흐름을 추가해 보도록 하겠습니다. 왼쪽의 [Parallel]을
드래그하여 우측 창으로 옮깁니다. Parallel은 병렬처리를 돕는데, 람다 함수에서 생성한 두
가지 함수를 동시에 실행하기 위해 사용합니다. 그리고 이 흐름의 이름을 병렬처리_1로 지정
합니다.

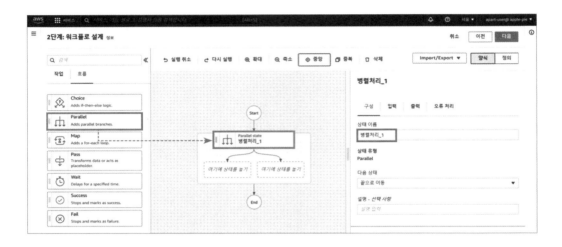

이번에는 각 병렬처리를 실행할 람다를 불러와 보도록 하겠습니다. [작업] 탭에서 [AWS
Lambda invoke]를 드래그해서 옮깁니다. 각각 hello_world, docker_lambda라는 이름을 부
여합니다. 그리고 통합 유형을 클릭해 봅니다.

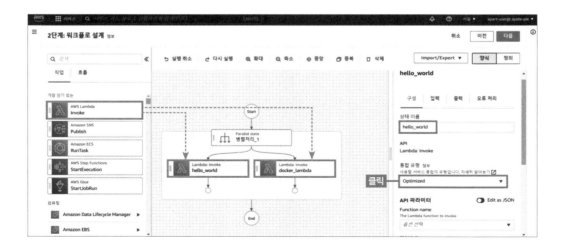

생성한 람다 함수가 나타나면 docker_lambda$LATEST, hello_world$LATEST를 각각 클릭하여 람다에 부여합니다.

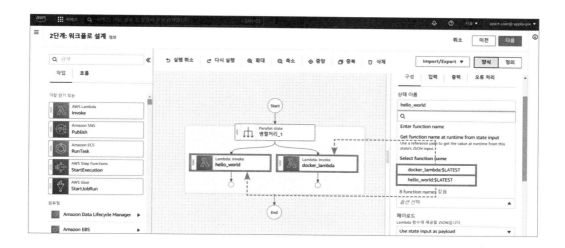

워크플로의 이름은 Step Function 테스트라고 지정합니다. 그리고 <다음> 버튼을 클릭합니다.

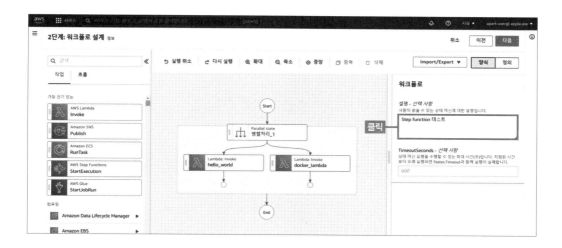

선택한 워크플로가 보입니다. <다음> 버튼을 클릭합니다.

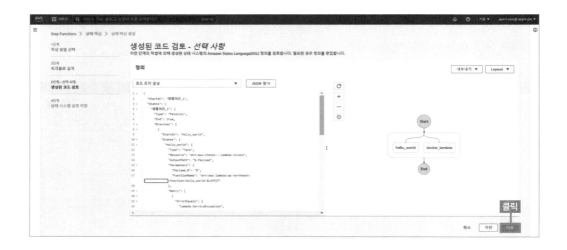

상태 머신 이름을 지정합니다. 여기에서는 Step_function_test라고 설정하겠습니다.

이제 맨 아래로 와서 <상태 머신 생성> 버튼을 클릭합니다.

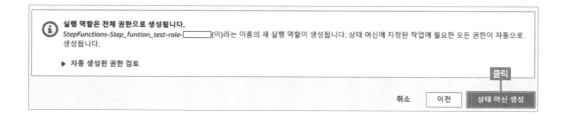

이렇게 hello_world와 docker_lambda를 동시에 실행하는 Step Function이 생성되었습니다. 이제 <실행 시작> 버튼을 클릭하여 테스트해 보도록 하겠습니다.

8.1.2 Step Function 실행

실행 이벤트의 이름을 지정합니다. 이름에 Step_function_테스트라고 작성한 후 <실행 시작> 버튼을 클릭합니다.

Step Function 실행 결과 성공 화면이 보입니다.

실행 결과가 그래프로 표현됩니다. 초록색의 성공 플로가 보입니다. 밑으로 더 내려가 보도록 하겠습니다.

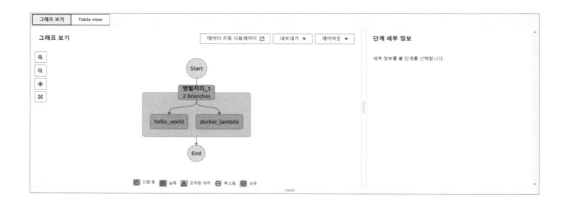

실행 결과를 담고 있는 로그입니다. 왼쪽에 초록색으로 Succeded가 나타나면 성공적으로 2개의 람다 함수가 실행된 것입니다. 이제 각 'Logs' 링크를 클릭해서 확인해 보도록 하겠습니다.

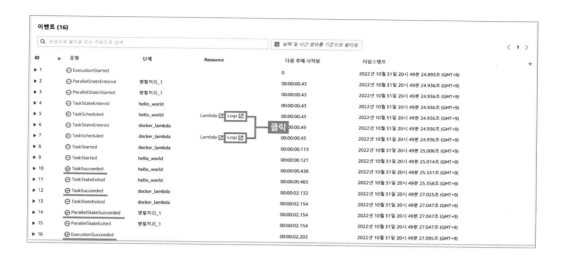

hello_world와 docker_lambda의 CloudWatch 화면입니다. 각각의 코드가 잘 실행된 것을 확인할 수 있습니다.

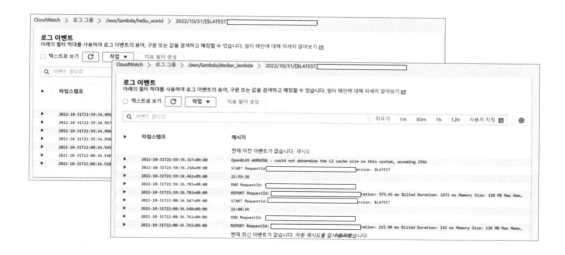

이렇게 Step Function에 대한 테스트를 마무리 지었습니다.

8.2 Event Bridge

자, 이번에는 원할 때마다 Step Function을 주기적으로 실행하는 방법에 관해 소개하며 Event Bridge에 대해 알아보도록 하겠습니다.

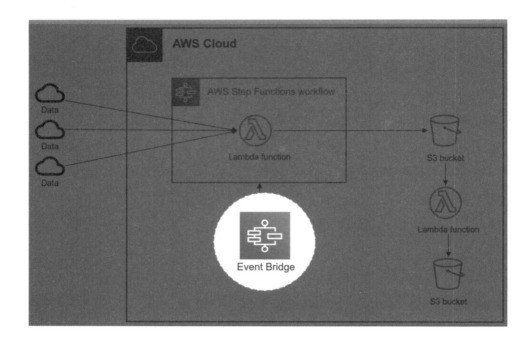

8.2.1 EventBridge란?

아마존 EventBridge는 애플리케이션과 다양한 소스 데이터의 연결을 돕는 서버리스 이벤트 버스 서비스입니다. EventBridge 애플리케이션, 서비스형 소프트웨어(SasS) 애플리케이션 및 AWS 람다 함수, HTTP 호출 엔드포인트 또는 다른 AWS 계정의 이벤트 버스를 대상으로 의 실시간 데이터 스트림을 제공합니다. EventBridge를 사용해 주기적으로 Step Function 을 실행할 예정입니다.

8.2.2 EventBridge 생성 및 실행

우선 Eventbridge를 검색한 후 [Amazon EventBridge]를 클릭합니다.

다음 화면에서 <규칙 생성> 버튼을 클릭합니다.

그리고 규칙의 세부 정보를 입력합니다. 이벤트의 이름은 Eventbridge_test로 지정하고 규칙
유형은 [일정]을 선택한 후 <다음> 버튼을 클릭합니다.

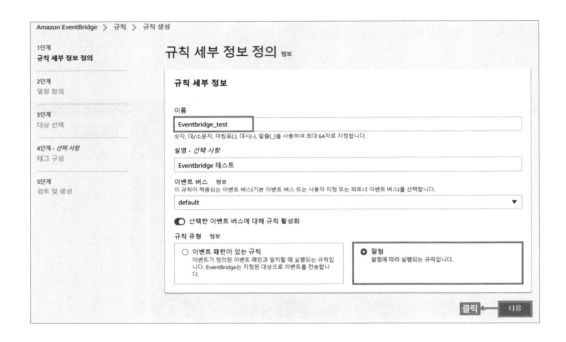

그다음 일정 패턴을 정의합니다. 두 가지의 패턴을 제시하는데, 우측의 [10분마다와 같이 일정한 빈도로 실행되는 일정입니다.]를 선택합니다. 그리고 빈도 표현식에서 1분을 지정하여 1분마다 Step Function이 실행되도록 합니다. 이제 <다음> 버튼을 클릭해서 넘어가도록 하겠습니다.

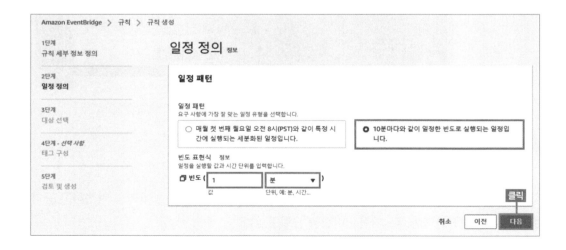

대상 유형은 [AWS 서비스]를 선택하고 대상 유형 선택을 클릭합니다.

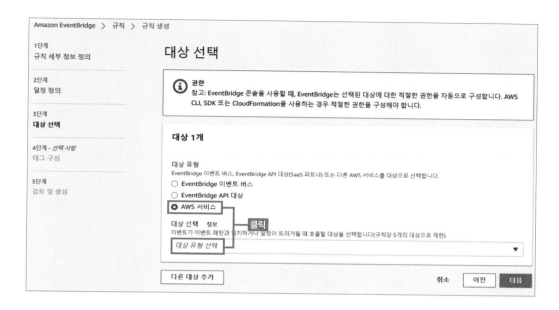

대상 유형에는 AWS에서 제공하는 여러 가지 서비스가 있습니다. 여기서 [Step Functions 상태 머신]을 선택합니다.

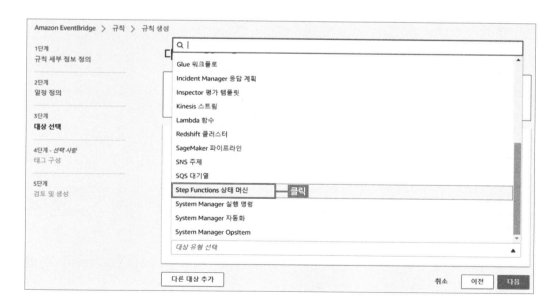

대상 선택에서 Step Functions 상태 머신을 클릭했으면 상태 머신에 이전에 제작한 Step Function을 부여합니다. Step_funcion_test를 클릭한 후 다음으로 넘어가겠습니다.

태그에서 키와 값은 각각 python-apart, apart로 지정하고 <다음> 버튼을 클릭합니다.

마지막 검토 및 생성 페이지입니다. 생성한 EventBridge의 정보를 최종적으로 확인할 수 있습니다. 스크롤하여 전체 내용을 확인합니다.

이렇게 Step Function을 1분 주기로 실행하는 규칙을 생성했습니다. 태그 구성까지 확인했으면 <규칙 생성> 버튼을 클릭합니다.

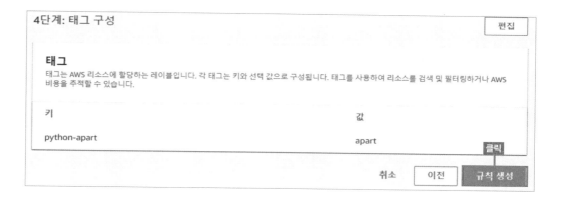

8.2.3 EventBridge 로그 확인

EventBridge를 생성했으니 이제 잘 실행되고 있는지 확인해 보도록 하겠습니다. Cloud Watch 페이지의 [로그 그룹] 메뉴에서 hello_world와 docker_lambda의 로그 중 docker_lambda를 클릭해 확인해 봅니다. docker_lambda의 파이썬 코드에서 현재의 서울 시간을 출력하도록 설정했으니 EventBridge를 실행하면 1분마다 로그를 확인할 수 있습니다.

docker_lambda의 로그 화면입니다. 하단 로그 스트림의 로그를 클릭하겠습니다.

로그를 보니 1분마다 실행되고 있음을 확인할 수 있습니다.

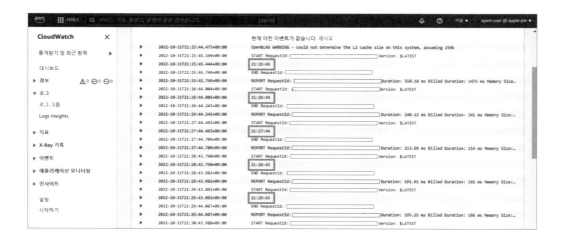

EventBridge에 대한 테스트를 마무리했으니 테스트로 생성한 EventBridge는 잠시 비활성화해 두도록 하겠습니다. <편집> 버튼을 클릭한 후 나타나는 창에서 <비활성화> 버튼을 클릭하면 됩니다.

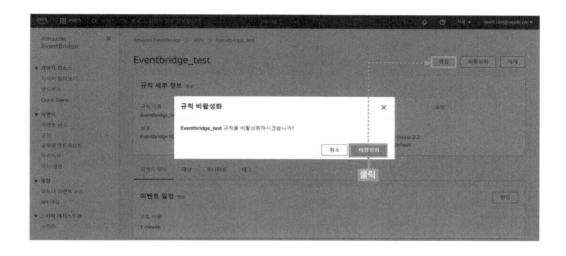

8.3 데이터베이스 구축

이번에는 RDS를 구축해 보겠습니다. Relational Database Service의 약자인 RDS는 AWS 클라우드에서 관계형 DB를 더 쉽게 설치 및 운영하고 확장할 수 있도록 돕는 웹 서비스입니다. 현재 오라클(Oracle), SQL 서버, MySQL, PostgreSQL, MariaDB, MySQL과 호환되는 오로라(Aurora)를 비롯해 총 여섯 가지 DB 엔진을 지원하고 있습니다.

여기에서는 PostgreSQL을 구축하고 파이썬과 연동해 보겠습니다. 우선 RDS를 검색해서 RDS 페이지로 넘어갑니다.

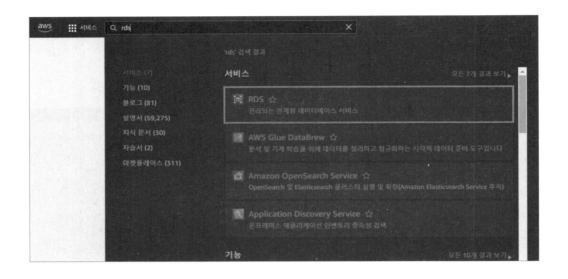

이후 생성되는 아마존 RDS 페이지에서 [대시보드] 메뉴의 <데이터베이스 생성> 버튼을 클릭합니다.

데이터베이스 생성 화면에서 다음의 옵션을 사용한 후 아래쪽으로 스크롤합니다.

옵션 내용	옵션
데이터베이스 생성 방식 선택	표준 생성
엔진 옵션	PostgreSQL

템플릿 옵션에서는 [개발/테스트] 옵션을 선택합니다.

이번에는 다음 정보를 입력합니다. 특히 마스터 암호는 잊지 않도록 메모해 두는 게 좋습니다.

DB 인스턴스 식별자	식별자 입력
마스터 사용자 이름	마스터 사용자 이름
마스터 암호	마스터 암호

설정

DB 인스턴스 식별자 정보
DB 인스턴스 이름을 입력하세요. 이름은 현재 AWS 리전에서 AWS 계정이 소유하는 모든 DB 인스턴스에 대해 고유해야 합니다.

```
python-apart-db
```

DB 인스턴스 식별자는 대소문자를 구분하지 않지만 'mydbinstance'와 같이 모두 소문자로 저장됩니다. 제약: 1자~60자의 영숫자 또는 하이픈으로 구성되어야 합니다. 첫 번째 문자는 글자이어야 합니다. 하이픈 2개가 연속될 수 없습니다. 끝에 하이픈이 올 수 없습니다.

▼ **자격 증명 설정**

마스터 사용자 이름 정보
DB 인스턴스의 마스터 사용자에 로그인 ID를 입력하세요.

```
postgres
```

1~16자의 영숫자. 첫 번째 문자는 글자여야 합니다.

☐ **암호 자동 생성**
Amazon RDS에서 사용자를 대신하여 암호를 생성하거나 사용자가 직접 암호를 지정할 수 있습니다.

마스터 암호 정보

```
•••••••••••
```

제약 조건: 8자 이상의 인쇄 가능한 ASCII 문자. 다음은 포함할 수 없습니다. /(슬래시), '(작은따옴표), "(큰따옴표) 및 @(엣 기호).

암호 확인 정보

```
•••••••••••
```

이번엔 DB의 인스턴스 정보를 선택합니다. 옵션마다 사양이 다를 수 있는데, 여기에서는 db.t3.medium을 선택해 주었습니다. 선택할 때 꼭 가격을 고려하길 바랍니다. 각 인스턴스에 대한 가격은 옵션마다 다르며 최종 선택 시 확인할 수 있습니다.

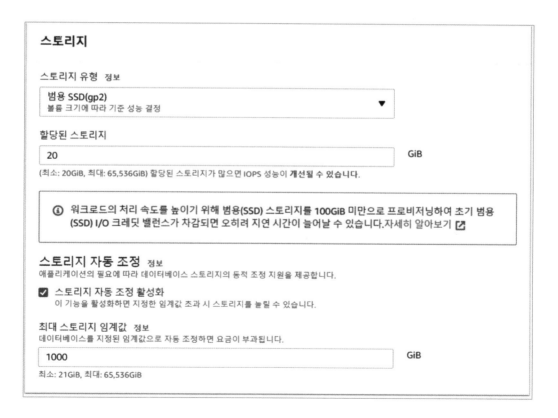

다음은 스토리지 부분입니다. 이곳에서는 AWS의 기본 설정을 따라가겠습니다.

연결 페이지에서는 퍼블릭 액세스에서 [아니오]를 선택합니다. 이는 EC2에서만 접속할 수 있도록 하기 위해서입니다. 만약 [예]를 선택하면 개인 PC에서도 접근할 수 있기에 보안 측면에서 위험할 수 있습니다.

이제 초기 DB의 이름을 python_apart_db라고 지정합니다.

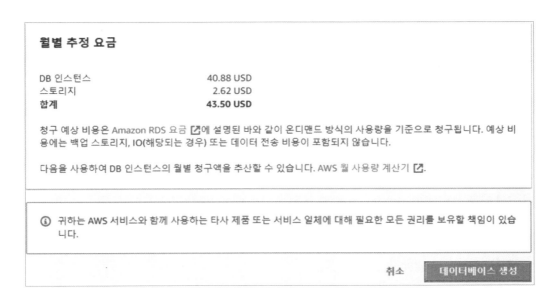

추가 구성

데이터베이스 옵션, 암호화 활성화됨, 백업 활성화됨, 역추적 비활성화됨, 성능 개선 도우미 활성화됨, 향상된 모니터링 활성화됨, 유지 관리, CloudWatch Logs, 삭제 보호 비활성화됨.

데이터베이스 옵션

초기 데이터베이스 이름 정보

python_apart_db

데이터베이스 이름을 지정하지 않으면 Amazon RDS에서 데이터베이스를 생성하지 않습니다.

DB 파라미터 그룹 정보

default.postgres13 ▼

옵션 그룹 정보

default:postgres-13 ▼

백업

☑ 자동 백업을 활성화합니다.
데이터베이스의 특정 시점 스냅샷을 생성합니다.

마지막으로 월별 추정 요금 부분입니다. 다음을 꼭 확인하고 <데이터베이스 생성> 버튼을 클릭합니다. 생성 시 5~10분의 시간이 소요됩니다.

월별 추정 요금

DB 인스턴스   40.88 USD
스토리지   2.62 USD
합계   **43.50 USD**

청구 예상 비용은 Amazon RDS 요금 🔗에 설명된 바와 같이 온디맨드 방식의 사용량을 기준으로 청구됩니다. 예상 비용에는 백업 스토리지, IO(해당되는 경우) 또는 데이터 전송 비용이 포함되지 않습니다.

다음을 사용하여 DB 인스턴스의 월별 청구액을 추산할 수 있습니다. AWS 월 사용량 계산기 🔗.

ⓘ 귀하는 AWS 서비스와 함께 사용하는 타사 제품 또는 서비스 일체에 대해 필요한 모든 권리를 보유할 책임이 있습니다.

취소 **데이터베이스 생성**

이렇게 DB를 생성했습니다. 생성된 DB를 클릭하면 다음과 같은 화면에서 정보를 확인할 수 있습니다. 파이썬에서 연결하기 위해 [연결&보안] 탭에서 엔드포인트를 확인해 줍시다.

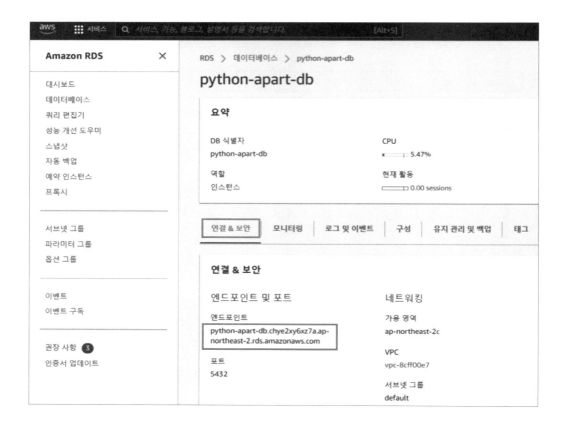

8.4 파이썬과 데이터베이스 연동

이제 파이썬과 DB를 연동하기 위해 주피터에서 라이브러리를 불러옵니다. pandas는 데이터 프레임을 생성할 때, sqlalchemy는 DB를 연결할 때 사용됩니다.

```
# 라이브러리
import pandas as pd
from sqlalchemy import create_engine # DB 연결을 위한 라이브러리
```

그리고 DB 정보를 입력합니다. 이때 필요한 정보는 앞서 확인한 마스터 사용자 이름, 마스터 암호, 엔드포인트, 포트 정보, DB 이름입니다.

```
# DB 정보 입력

# 마스터 사용자 이름
user= 'postgres'
# 마스터 암호
password= 'mypassword1'
# 엔드포인트
host= 'python-apart-db.chye2xy6xz7a.ap-northeast-2.rds.amazonaws.com'
# PostgreSql port
port= '5432'
# DB 이름
database = 'python_apart_db'
```

이제 create_engine() 함수를 사용해 DB 정보를 입력하고 engine이라고 지정합니다. 그리고 engine.connect()를 사용해 DB와 연결하고 conn이라고 지정합니다.

```
# 입력된 DB 정보
engine = create_engine(f'postgresql://{user}:{password}@{host}:{port}/{database}',
echo = False)

# DB 연결
conn = engine.connect()
```

이렇게 파이썬과 DB를 연결했으니 데이터 프레임을 생성하겠습니다. pd.DataFrame() 함수를 사용해 df라는 데이터 프레임을 생성합니다.

```
# DB 테스트를 위한 데이터 프레임 생성
df = pd.DataFrame({"a" :[1,2,3,],
              "b" : ['a','b','c']})
```

이제 생성된 데이터 프레임을 to_sql() 함수를 사용하여 한꺼번에 DB에 적재합니다. 테이블 명은 table_test로 진행하는데, 이때 if_exists='append', index=False 옵션을 사용합니다.

```
# 판다스의 to_sql() 함수를 사용.
df.to_sql ("table_test", con = conn, if_exists = "append", index = False)
```

if_exists='append'는 DB에 적재할 때 이어 붙이는 옵션이고, index=False는 데이터 프레임의 인덱스 값을 칼럼으로 추가하지 않겠다는 옵션입니다. 이 옵션에 대한 자세한 정보는 pandas.DataFrame.to_sql를 검색하여 확인할 수 있습니다.

이제 DB에 올라간 정보가 잘 적재되었는지 확인해 보겠습니다. 우선 'SELECT * FROM table _test'라는 쿼리문을 작성합니다. 그리고 pd.read_sql() 함수를 사용해서 DB의 정보를 호출합니다.

```
# DB 적재 상황 확인
sql = 'SELECT * FROM table_test'
pd.read_sql(sql, conn)
```

다음 데이터 프레임이 호출되면 성공입니다.

	a	b
0	1	a
1	2	b
2	3	c

8.5 파이썬과 아마존 S3 연동

그동안 수집한 데이터를 apart-bucket이라는 저장소에 적재해 보도록 하겠습니다. 전처리한 모든 데이터를 AWS의 S3에 연동하고, 스트림릿의 데이터는 S3를 통해 가져올 예정입니다. 미리 제작해 놓은 데이터를 활용하기 위해 우선 깃허브(GitHub)를 다운로드합니다.

```
$ git clone https://github.com/bjpublic/python-for-realestate-data.git
```

깃허브 리포지터리 파일을 다운로드해 보면 작업이 모두 완료된 폴더를 확인할 수 있습니다. 이곳에서 streamlit_data 폴더로 접근합니다.

```
$ cd /home/ubuntu/real_estate_dashboard/0_data/streamlit_data
```

이곳에 to_s3.ipynb라는 파일을 만들어 두었는데요. 대시보드를 위해 미리 만들어 둔 파일을 S3에 업로드해 보도록 하겠습니다. 특별한 점이 있다면 파이썬과 S3를 연동하도록 다음의 키를 입력해야 합니다.

- AWS_ACCESS_KEY_ID = "IAM ACCESS KEY"
- AWS_ACCESS_KEY_SECRET = "IAM SECRET KEY"

```python
import pandas as pd
import glob
import os
import boto3

# apart-admin
AWS_ACCESS_KEY_ID = "IAM ACCESS KEY"
AWS_ACCESS_KEY_SECRET = "IAM SECRET KEY"

# set aws credentials
s3r = boto3.resource('s3', aws_access_key_id=AWS_ACCESS_KEY_ID,
    aws_secret_access_key=AWS_ACCESS_KEY_SECRET)
bucket = s3r.Bucket('apart-bucket')

file_list = glob.glob("*")

for file_name in file_list:
    file_name_2 = f"0_data/streamlit_data/{file_name}"
    bucket.upload_file(file_name,file_name_2)
```

이렇게 코드를 입력하고 AWS의 S3를 확인해 보도록 하겠습니다. 다음과 같이 데이터가 올라온 것이 확인되면 성공입니다.

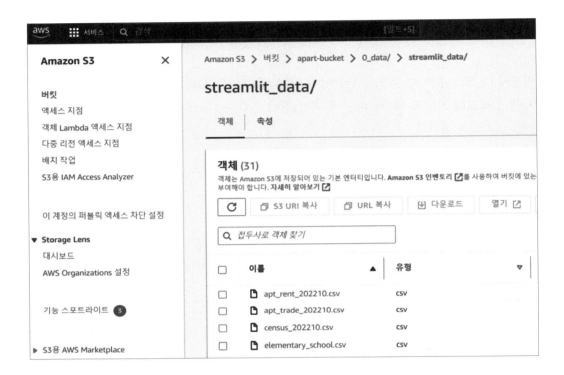

PART **4**

부동산 분석
웹 대시보드 구축

스트림릿 대시보드 제작

09

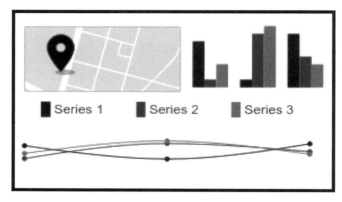

지금까지 데이터 수집과 시각화 그리고 그에 대한 데이터 수집 자동화를 알아보았습니다. 이제 마지막으로 이 시각화한 내용을 대시보드로 만들어 주도록 하겠습니다.

파이썬뿐만 아니라 데이터를 시각화하여 대시보드를 만들어 주는 서비스는 여러 가지가 있습니다. 이번 책에서는 스트림릿(Streamlit)를 사용하여 대시보드를 만들어 주겠습니다. 스트림릿의 공식 홈페이지를 보면 다음과 같은 소개가 나옵니다.

➡ 스트림릿 공식 문서
streamlit.io

A faster way to build and share data apps

Streamlit turns data scripts into shareable web apps in minutes.
All in pure Python. No front-end experience required.

스트림릿의 메인 화면에 나오는 소개와 같이 다른 웹 대시보드에 비해 매우 간단하게 대시보드를 만들 수 있습니다. 그럼 이제 스트림릿에 대해 간단히 알아보면서 대시보드를 구축해 보도록 하겠습니다. 이번에 스트림릿을 사용할 때는 기존에 사용한 부동산 데이터를 토대로 한 시각화에 중점을 두고 진행합니다. 따라서, 스트림릿의 부가적인 기능을 사용하려면 공식 문서를 참고하면 됩니다.

9.1 EC2 포트 연결

스트림릿을 하기에 앞서 EC2의 보안 규칙을 수정하려고 합니다. 스트림릿의 포트는 8501이므로 보안 규칙을 다음과 같이 수정하겠습니다. 먼저 EC2 대시보드를 열어 주겠습니다.

EC2 대시보드의 좌측 메뉴를 확인해 보겠습니다. 네트워크 및 보안에서 [보안 그룹] 메뉴를 클릭합니다. 이후 'python_apart' 서버를 선택하고 좌측 하단의 <인바운드 규칙 편집> 버튼을 클릭합니다.

초반에 EC2를 생성할 때 주피터 노트북을 위해 8888 포트를 열었습니다. 이때 스트림릿을 위해 추가로 포트를 열 수 있었으나 이번 파트를 위해 남겨 두었습니다. 다음과 같이 규칙을 저장하겠습니다.

1. 포트 범위: 8501

2. 소스: Anywhere-IPv4

3. 설명 - 선택 사항: Streamlit

이때 포트 혼동을 피하기 위해, 설명 정보에 Streamlit이라고 작성하여 해당 포트가 무엇을 의미하는지 메모합니다. 그리고 마지막으로 <규칙 저장> 버튼을 클릭하여 마무리합니다. 이것으로 EC2에서 스트림릿을 사용할 준비를 갖추었습니다.

9.2 스트림릿 대시보드

우선 간단하게 hello world를 위한 대시보드를 생성하도록 하겠습니다. 다음의 파이썬 파일
을 생성하겠습니다. touch는 리눅스의 기본 명령어로 파일을 생성할 수 있습니다.

```
$ touch streamlit_test.py
```

주피터 노트북이 아닌 파이썬 파일을 수정하는 방법은 여러 가지가 있습니다. VSCode, 파이
참 같은 텍스트 에디터나 IDE를 사용하는 것이 일반적입니다. 그렇다면 이렇게 생성된 파일
을 주피터에서 실행시키고 다음 코드를 넣어 주겠습니다.

```
import streamlit as st

st.title('Hello world')
```

위의 코드를 저장하고 리눅스 환경으로 빠져나오도록 합니다. 이제 스트림릿 테스트를 진행
해 보겠습니다. 리눅스 콘솔 창에서 다음 코드를 사용합니다.

```
$ streamlit run streamlit_test.py
```

해당 파일이 실행되면 인터넷 창에서 다음과 같이 입력해 주어 확인합니다.

- (엘라스틱 IP 주소): 8501

다음 화면이 나오면 스트림릿 실행은 성공입니다. 이제 스트림릿을 사용하여 화면을 더 다채롭게 채워 주도록 하겠습니다.

9.3 스트림릿 배포

이번에는 스트림릿 배포에 대해 알아보도록 하겠습니다. 방금까지 AWS EC2에서 작업했고, 스트림릿을 확인하려고 EC2의 IP에 8501을 넣어서 확인했습니다. 그러나 계속 EC2를 켜 놓을 수는 없습니다. 따라서 스트림릿에서 제공하는 서비스를 이용하려고 합니다. 스트림릿의 배포에 대한 참고는 다음과 같습니다.

> ⟳ 스트림릿 배포
> docs.streamlit.io/streamlit-community-cloud/get-started/deploy-an-app

9.4 스트림릿 클라우드 회원가입

우선 스트림릿 클라우드에서 회원가입을 하겠습니다.

그리고 <Continue with Google> 버튼을 클릭해 회원가입을 합니다. 물론 개인 이메일이나 깃허브로 해도 됩니다.

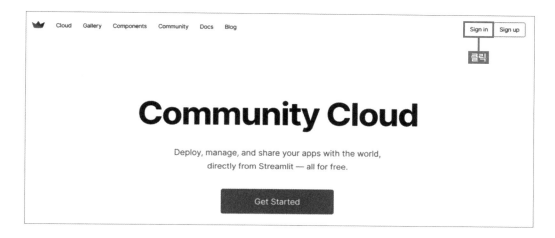

그렇게 회원가입을 진행하게 되면 깃허브와 연동 화면을 볼 수 있습니다.

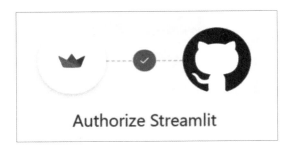

9.5 스트림릿 앱 배포

이제 스트림릿을 배포해 보도록 하겠습니다. 회원가입을 진행한 후 share.streamlit.io 페이지에 접속합니다. 그리고 다음과 같은 화면에서 <New app> 버튼을 클릭해 새로운 앱을 생성합니다.

배포할 app의 정보입니다. 이곳에서 다음 정보를 입력해 주도록 하겠습니다. 리포지토리는 깃의 username/repository를 입력하면 됩니다. Branch 부분은 기본으로 main을 입력합니다. 그리고, Main file path 부분에는 스트림릿 파일이 존재하는 경로와 파일명을 작성합니다. 그리고 'Advanced settings…'을 클릭합니다.

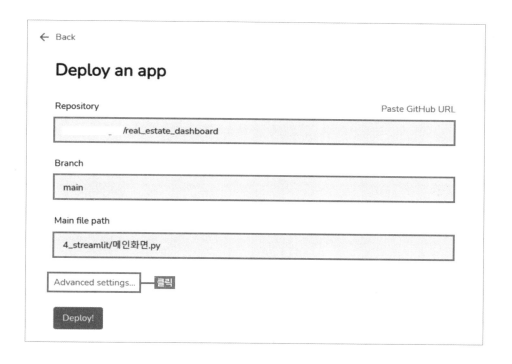

이곳에서는 스트림릿에 대한 추가적인 정보를 입력해 줍니다. 앞서 확보했던 AWS의 키 정보를 입력하면 됩니다.

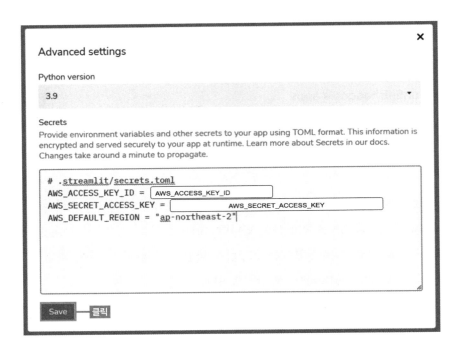

그리고 <Deploy!> 버튼을 클릭하면 기본적으로 배포 완성입니다.

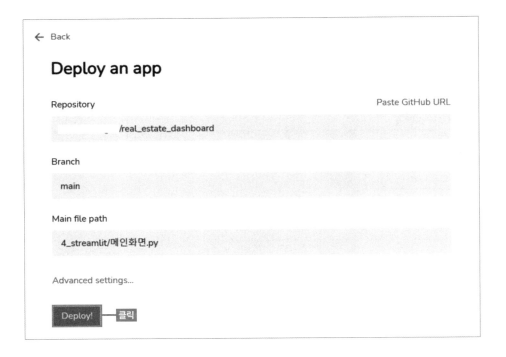

화면 설계 및 스타일 적용

10.1 화면 설계

이제부터 본격적으로 대시보드를 설계해 보도록 하겠습니다. 대시보드는 총 6개의 페이지로 구상해 두었습니다. 하나씩 확인해 보도록 하겠습니다. 파일 구성은 다음과 같습니다.

10.1.1 시각화 함수 모듈

그동안 만들었던 시각화 함수들을 여기에 저장합니다. 이는 스트림릿의 각 페이지에 적용될 예정입니다.

```python
import pandas as pd
import os
import geopandas as gpd
import glob
import plotly.express as px
import plotly.graph_objects as go
import folium
import json
import math


def readNumber(n):
    if(n > 10**4):
        a = str(format(math.floor(n / 10**4),',d')) + '억'
        b = ' ' + str(format(math.floor(n % 10**4),',d'))
        c = a + b
    else:
        c = format(n,',d')
    return(c)

def map_trade(df, trade_option,
              amount_value_0,amount_value_1,
              area_value_0, area_value_1,
              year_value_0, year_value_1,
              floor_value_0, floor_value_1):

    if(trade_option == '매매'):
        df_trade_202210_2 = df
        apt_trade_202210_3 = df_trade_202210_2[
            (df_trade_202210_2['거래금액'] >= amount_value_0) &
            (df_trade_202210_2['거래금액'] <= amount_value_1) &
            (df_trade_202210_2['전용면적'] >= area_value_0) &
            (df_trade_202210_2['전용면적'] <= area_value_1) &
            (df_trade_202210_2['사용승인일'] >= year_value_0) &
            (df_trade_202210_2['사용승인일'] <= year_value_1) &
            (df_trade_202210_2['층'] >= floor_value_0) &
            (df_trade_202210_2['층'] <= floor_value_1)
            ]

        if('아파트' in df.columns):
```

```
                apt_trade_202210_3['이름'] = apt_trade_202210_3['아파트']
        elif('연립다세대' in df.columns):
                apt_trade_202210_3['법정동'] = apt_trade_202210_3['동리명']
                apt_trade_202210_3['이름'] = apt_trade_202210_3['연립다세대']
        elif('단지' in df.columns):
                apt_trade_202210_3['이름'] = apt_trade_202210_3['단지']
                apt_trade_202210_3['법정동'] = apt_trade_202210_3['동리명']

        apt_trade_202210_3['거래금액_int'] = apt_trade_202210_3['거래금액'].
astype(int)
        apt_trade_202210_3['거래금액'] = apt_trade_202210_3['거래금액_int'].
apply(readNumber)

        fig = px.scatter_mapbox(apt_trade_202210_3,
                                lat="lat",
                                lon="lon",
                                hover_data={
                                    "lat": False,
                                    "lon": False,
                                    "이름": True,
                                    "법정동": True,
                                    "거래금액": True,
                                    "거래금액_int": False,
                                    "전용면적": True,
                                    },
                                color = '시군구명',
                                size = '거래금액_int',
                                height = 600,
                                zoom = 10)


    # 전세
    elif(trade_option == '전세') :
        df_trade_202210_2 = df[df['월세금액'] == 0]
        apt_trade_202210_3 = df_trade_202210_2[
            (df_trade_202210_2['보증금액'] >= amount_value_0) &
            (df_trade_202210_2['보증금액'] <= amount_value_1) &
            (df_trade_202210_2['전용면적'] >= area_value_0) &
            (df_trade_202210_2['전용면적'] <= area_value_1) &
            (df_trade_202210_2['사용승인일'] >= year_value_0) &
            (df_trade_202210_2['사용승인일'] <= year_value_1) &
```

```
        (df_trade_202210_2['층'] >= floor_value_0) &
        (df_trade_202210_2['층'] <= floor_value_1)
        ]

    if('아파트' in df.columns):
        apt_trade_202210_3['이름'] = apt_trade_202210_3['아파트']
        apt_trade_202210_3['법정동'] = apt_trade_202210_3['동리명']
    elif('연립다세대' in df.columns):
        apt_trade_202210_3['법정동'] = apt_trade_202210_3['동리명']
        apt_trade_202210_3['이름'] = apt_trade_202210_3['연립다세대']
    elif('단지' in df.columns):
        apt_trade_202210_3['이름'] = apt_trade_202210_3['단지']
        apt_trade_202210_3['법정동'] = apt_trade_202210_3['동리명']

    apt_trade_202210_3['보증금액_int'] = apt_trade_202210_3['보증금액'].
astype(int)
    apt_trade_202210_3['보증금액'] = apt_trade_202210_3['보증금액_int'].
apply(readNumber)

    fig = px.scatter_mapbox(apt_trade_202210_3,
                            lat="lat",
                            lon="lon",
                            hover_data={
                                "lat" : False,
                                "lon" : False,
                                "이름" : True,
                                "법정동": True,
                                "보증금액": True,
                                "보증금액_int": False,
                                "전용면적":True,
                                },
                            color = '시군구명',
                            size = '보증금액_int',
                            height = 600,
                            zoom=10)

elif(trade_option == '월세') :
    df_trade_202210_2 = df[df['월세금액'] != 0]
    apt_trade_202210_3 = df_trade_202210_2[
        (df_trade_202210_2['보증금액'] >= amount_value_0) &
        (df_trade_202210_2['보증금액'] <= amount_value_1) &
```

```python
            (df_trade_202210_2['전용면적'] >= area_value_0) &
            (df_trade_202210_2['전용면적'] <= area_value_1) &
            (df_trade_202210_2['사용승인일'] >= year_value_0) &
            (df_trade_202210_2['사용승인일'] <= year_value_1) &
            (df_trade_202210_2['층'] >= floor_value_0) &
            (df_trade_202210_2['층'] <= floor_value_1)
            ]

        if('아파트' in df.columns):
            apt_trade_202210_3['이름'] = apt_trade_202210_3['아파트']
            apt_trade_202210_3['법정동'] = apt_trade_202210_3['동리명']
        elif('연립다세대' in df.columns):
            apt_trade_202210_3['법정동'] = apt_trade_202210_3['동리명']
            apt_trade_202210_3['이름'] = apt_trade_202210_3['연립다세대']
        elif('단지' in df.columns):
            apt_trade_202210_3['이름'] = apt_trade_202210_3['단지']
            apt_trade_202210_3['법정동'] = apt_trade_202210_3['동리명']

        apt_trade_202210_3['보증금액_int'] = apt_trade_202210_3['보증금액'].
astype(int)
        apt_trade_202210_3['보증금액'] = apt_trade_202210_3['보증금액_int'].
apply(readNumber)

        fig = px.scatter_mapbox(apt_trade_202210_3,
                                lat="lat",
                                lon="lon",
                                hover_data={
                                   "lat" : False,
                                   "lon" : False,
                                   "이름" : True,
                                   "법정동": True,
                                   "보증금액": True,
                                   "보증금액_int": False,
                                   "전용면적":True,
                                   },
                                color = '시군구명',
                                size = '보증금액_int',
                                height = 600,
                                zoom=10)

    fig.update_layout(
```

```
        mapbox_style="carto-positron",
        coloraxis_showscale=False,
        showlegend=False,
        margin={"r":0,"t":0,"l":0,"b":0},
        hoverlabel=dict(
            bgcolor='white',
            font_size=15,
            ),
            template='plotly_white'
        )


    return(fig)



def trade_mean_map(trade_mean_df,geo_json_seoul,sig_lat_lon,sig_area):

    trade_mean_df_1 = trade_mean_df[trade_mean_df['시도명'] == sig_area]
    sig_lat_lon_info = sig_lat_lon[sig_lat_lon['sig_nm'] == sig_area].reset_
index(drop = True)

    trade_mean_df_1['거래금액_int'] = trade_mean_df_1['거래금액'].astype(int)
    trade_mean_df_1['거래금액'] = trade_mean_df_1['거래금액_int'].apply(readNumber)

    fig = px.choropleth_mapbox(trade_mean_df_1,
                                geojson=geo_json_seoul,
                                color="거래금액_int",
                                color_continuous_scale="Reds",
                                hover_data={
                                    "SIG_CD" : False,
                                    "시도명" : True,
                                    "시군구명" : True,
                                    "거래금액": True,
                                    "거래금액_int": False
                                },
                                locations="SIG_CD",
                                featureidkey="properties.SIG_CD",
                                center={"lat":sig_lat_lon_info['lon'][0],
                                        "lon":sig_lat_lon_info['lat'][0]},
                                mapbox_style="carto-positron",
```

```python
                              zoom=9)

    fig.update_layout(
        margin={"r":0,"t":50,"l":0,"b":0},
        title = f'{sig_area} 시군구별 아파트 매매 거래금액 지도',
        title_font_family="맑은고딕",
        title_font_size = 18,
        hoverlabel=dict(
            bgcolor='white',
            font_size=15,
            ),
            template='plotly_white'

        )


    return fig



def vis_trade_rent(total, type_val, sig_area, year_val, month_val):

    type_dic = {'apt':'아파트', 'rh':'연립다세대','sh':'단독-다가구','offi':'오피스텔'}
    type_nm = type_dic[type_val]

    total['년'] = total['년'].astype(int)
    total['월'] = total['월'].astype(int)
    total['mean'] = total['mean'].astype(int)
    total['mean_2'] = total['mean'].apply(readNumber)

    df1 = total[(total['시도명'] == sig_area) &
               (total['년'] == year_val) &
               (total['월'] == month_val) &
               (total['타입'] == type_val)]


    df1 = df1.sort_values(by = 'mean',ascending=False)


    fig = go.Figure(data = [
        go.Bar(name = '매매',
               y = df1[df1['구분'] == '매매']['mean'],
               x = df1[df1['구분'] == '매매']['시군구명'],
```

```python
                    # marker_color='crimson',
                    marker_color='black',
                    opacity=1,
                    marker_pattern_shape='-',
                    text = df1[df1['구분'] == '매매']['mean_2'],
                    hovertemplate='%{text}만'
                    ),
            go.Bar(name = '전세',
                    y = df1[df1['구분'] == '전세']['mean'],
                    x = df1[df1['구분'] == '전세']['시군구명'],
                    # marker_color='blue',
                    marker_color='black',
                    opacity=0.7,
                    marker_pattern_shape='x',
                    text = df1[df1['구분'] == '전세']['mean_2'],
                    hovertemplate='%{text}만'
                    ),
            go.Bar(name = '월세',
                    y = df1[df1['구분'] == '월세']['mean'],
                    x = df1[df1['구분'] == '월세']['시군구명'],
                    # marker_color='green',
                    marker_color='black',
                    opacity=0.3,
                    marker_pattern_shape='+',
                    text = df1[df1['구분'] == '월세']['mean_2'],
                    hovertemplate='%{text}만'
                    ),
    ])



    fig.update_layout(
        title= f'{sig_area} 시군구별 {type_nm} 매매(실거래가)/전월세(보증금) 평균
<br><sup>단위(만원)</sup>',
        title_font_family="맑은고딕",
        title_font_size = 18,
        hoverlabel=dict(
            bgcolor='white',
            font_size=15,
            ),
        hovermode="x unified",
```

```
        template='plotly_white',
        xaxis_tickangle=90,
        yaxis_tickformat = ',',
        legend = dict(orientation = 'h', xanchor = "center", x = 0.85, y= 1.1),
#Adjust legend position
        barmode='group'
    )


    return(fig)

def trade_count(df_trade, type_val, sig_area):

    type_dic = {'apt':'아파트', 'rh':'연립다세대','sh':'단독-다가구','offi':'오피스텔'}
    type_nm = type_dic[type_val]


    total = df_trade
    df1 = total[(total['시도명'] == sig_area) &
                (total['타입'] == type_val)]
    fig = go.Figure(data=[
        go.Scatter(
            name = '매매',
            x=df1[df1['구분'] == '매매']['거래날짜'],
            y=df1[df1['구분'] == '매매']['count'],
            hovertemplate='%{y}건',
            marker_size = 8,
            line_shape='spline'),

        go.Scatter(
            name = '전세',
            x=df1[df1['구분'] == '전세']['거래날짜'],
            y=df1[df1['구분'] == '전세']['count'],
            hovertemplate='%{y}건',
            marker_symbol='triangle-down',
            marker_size = 8,
            line_shape='spline'),

        go.Scatter(
            name = '월세',
            x=df1[df1['구분'] == '월세']['거래날짜'],
            y=df1[df1['구분'] == '월세']['count'],
            hovertemplate='%{y}건',
```

```python
                marker_symbol='square',
                marker_size = 8,
                line_shape='spline')
        ])

    fig.update_traces(mode='lines+markers')

    fig.update_layout(
        title= f'{sig_area} 시군구별 {type_nm} 매매(실거래가)/전월세(보증금) 거래량',
        title_font_family="맑은고딕",
        title_font_size = 18,
        hoverlabel=dict(
            bgcolor='white',
            font_size=15,
        ),
        hovermode="x unified",
        template='plotly_white',
        xaxis_tickangle=90,
        yaxis_tickformat = ',',
        legend = dict(orientation = 'h', xanchor = "center", x = 0.85, y= 1.1),
        barmode='group'
    )

    for i in range(2019, 2023):
        fig.add_vline(x=f'{i}-01-01', line_width=1, line_dash="dash", line_
color="green")
    return(fig)


def trade_mean(df_trade, type_val, sig_area):

    type_dic = {'apt':'아파트', 'rh':'연립다세대','sh':'단독-다가구','offi':'오피스텔'}
    type_nm = type_dic[type_val]

    total = df_trade
    df1 = total[(total['시도명'] == sig_area) &
                (total['타입'] == type_val)]

    df1['mean'] = df1['mean'].astype(int)
    df1['mean_2'] = df1['mean'].apply(readNumber)

    fig = go.Figure(data=[
```

```python
        go.Scatter(
            name = '매매',
            x=df1[df1['구분'] == '매매']['거래날짜'],
            y=df1[df1['구분'] == '매매']['mean'],
            text = df1[df1['구분'] == '매매']['mean_2'],
            hovertemplate='%{text}만',
            marker_size=8,
            line_shape='spline'),

        go.Scatter(
            name = '전세',
            x=df1[df1['구분'] == '전세']['거래날짜'],
            y=df1[df1['구분'] == '전세']['mean'],
            text = df1[df1['구분'] == '전세']['mean_2'],
            hovertemplate='%{text}만',
            marker_symbol='triangle-down',
            marker_size = 8,
            line_shape='spline'),

         go.Scatter(
            name = '월세',
            x=df1[df1['구분'] == '월세']['거래날짜'],
            y=df1[df1['구분'] == '월세']['mean'],
            text = df1[df1['구분'] == '월세']['mean_2'],
            hovertemplate='%{text}만',
            marker_symbol='square',
            marker_size = 8,
            line_shape='spline')
        ])


    # fig.update_traces(hoverinfo='text+name', mode='lines+markers')
    fig.update_traces(mode='lines+markers')


    fig.update_layout(
        title= f'{sig_area} 시군구별 {type_nm} 매매(실거래가)/전월세(보증금) 평균
<br><sup>단위(만원)</sup>',
        title_font_family="맑은고딕",
        title_font_size = 18,
        hoverlabel=dict(
          bgcolor='white',
          font_size=15,
```

```
        ),
        hovermode="x unified",
        template='plotly_white',
        xaxis_tickangle=90,
        yaxis_tickformat = ',',
        legend = dict(orientation = 'h', xanchor = "center", x = 0.85, y= 1.1),
        barmode='group'
    )

    for i in range(2019, 2023):
        fig.add_vline(x=f'{i}-01-01', line_width=1, line_dash="dash", line_
color="green")
    return(fig)




def cencus_count(df_raw, sig_area):

    df_raw = df_raw[df_raw['행정동_시도명'] == sig_area]
    df_raw = df_raw.reset_index(drop = True)

    df_vis = df_raw[['행정동_시군구명', '인구수', '구분']].groupby(['행정동_시군구명',
'구분']).sum()
    df_vis = df_vis.reset_index()
    df_vis = df_vis.sort_values(by = '인구수',ascending=False)

    fig = go.Figure(data=[
    go.Bar(
      name = '총인구수',
      x=df_vis[df_vis['구분'] == '총인구수']['행정동_시군구명'],
      y=df_vis[df_vis['구분'] == '총인구수']['인구수'],
      hovertemplate='%{y}명'
    ),

    go.Bar(
      name = '남자인구수',
      x=df_vis[df_vis['구분'] == '남자인구수']['행정동_시군구명'],
      y=df_vis[df_vis['구분'] == '남자인구수']['인구수'],
      hovertemplate='%{y}명'
    ),
```

```python
    go.Bar(
        name = '여자인구수',
        x=df_vis[df_vis['구분'] == '여자인구수']['행정동_시군구명'],
        y=df_vis[df_vis['구분'] == '여자인구수']['인구수'],
        hovertemplate='%{y}명'


    )
    ])


    fig.update_layout(
        title= f'{sig_area} 시군구별 지역별 인구수 <br><sup>단위(명)</sup>',
        title_font_family="맑은고딕",
        title_font_size = 18,
        hoverlabel=dict(
            bgcolor='white',
            font_size=15,
        ),
        hovermode="x unified",
        template='plotly_white',
        xaxis_tickangle=90,
        yaxis_tickformat = ',',
        legend = dict(orientation = 'h', xanchor = "center", x = 0.85, y= 1.1),
#Adjust legend position
        barmode='group'
    )


    return(fig)


def school_count(df_school, sig_area):

    df_school_1 = df_school[df_school['시도명'] == sig_area]
    df_school_1 = df_school_1.reset_index(drop = True)


    df_school_1 = df_school_1[['시군구명','설립명','학교명']].groupby(['시군구명',
'설립명']).describe()
    df_school_1 = df_school_1.reset_index()
```

```python
    apart_trans2 = pd.concat([df_school_1[['시군구명','설립명']],df_school_1['학교명']
[['count']]], axis = 1)
    apart_trans2.columns = ['시군구명','설립명','count']
    apart_trans2 = apart_trans2.sort_values(by = 'count',ascending=False)


    fig = go.Figure(data=[
        go.Bar(
          name = '사립',
          x=apart_trans2[apart_trans2['설립명'] == '사립']['시군구명'],
          y=apart_trans2[apart_trans2['설립명'] == '사립']['count'],
          hovertemplate='%{y}개'
        ),

        go.Bar(
          name = '공립',
          x=apart_trans2[apart_trans2['설립명'] == '공립']['시군구명'],
          y=apart_trans2[apart_trans2['설립명'] == '공립']['count'],
          hovertemplate='%{y}개'
        ),

        go.Bar(
          name = '국립',
          x=apart_trans2[apart_trans2['설립명'] == '국립']['시군구명'],
          y=apart_trans2[apart_trans2['설립명'] == '국립']['count'],
          hovertemplate='%{y}개'

        )
        ])


    fig.update_layout(
            title= f'{sig_area} 시군구별 초등학교 수 <br><sup>단위(명)</sup>',
            title_font_family="맑은고딕",
            title_font_size = 18,
            hoverlabel=dict(
                bgcolor='white',
                font_size=15,
            ),
            hovermode="x unified",
            template='plotly_white',
```

```
            xaxis_tickangle=90,
            yaxis_tickformat = ',',
            legend = dict(orientation = 'h', xanchor = "center", x = 0.85, y= 1.1),
#Adjust legend position
            barmode='group'
        )


    return(fig)



def park_count(park_raw, sig_area):

    park_raw = park_raw[park_raw['시도명'] == sig_area]
    park_raw = park_raw.reset_index(drop = True)

    park_raw = park_raw[['시군구명','공원구분','공원명']].groupby(['시군구명',
'공원구분']).describe()
    park_raw = park_raw.reset_index()

    park_vis = pd.concat([park_raw[['시군구명','공원구분']],park_raw['공원명']
[['count']]], axis = 1)
    park_vis.columns = ['시군구명','공원구분','count']

    fig = go.Figure()
    key_list = park_vis['공원구분'].unique()
    for key in key_list:
        fig.add_trace(go.Bar(
          name = key,
          x=park_vis[park_vis['공원구분'] == key]['시군구명'],
          y=park_vis[park_vis['공원구분'] == key]['count'],
          hovertemplate='%{y}개'
        )
        )



    fig.update_layout(
        title= f'{sig_area} 시군구별 도시 공원 개수 <br><sup>단위(개)</sup>',
        title_font_family="맑은고딕",
        title_font_size = 18,
        hoverlabel=dict(
            bgcolor='white',
```

```python
            font_size=15,
        ),
        hovermode="x unified",
        template='plotly_white',
        xaxis_tickangle=90,
        yaxis_tickformat = ',',
        legend = dict(orientation = 'h', xanchor = "center", x = 0.85, y= 1.1),
#Adjust legend position
        barmode='stack'
    )


    return(fig)

def park_geo(park_raw, sig_area):
    public_park_df = park_raw[park_raw['시도명'] == sig_area]
    fig = px.scatter_mapbox(public_park_df,
                            lat="위도",
                            lon="경도",
                            color="공원구분",
                            hover_data={
                                "위도" : False,
                                "경도" : False,
                                "공원명" : True,
                                "공원구분": True,
                                "소재지지번주소": True
                                },
                            zoom = 10,
                            title = f'{sig_area} 시군구별 도시 공원 위치'
                                )



    fig.update_layout(
      mapbox_style="carto-positron",
      margin={"r":0,"t":50,"l":0,"b":0},
      hoverlabel=dict(
        bgcolor='white',
        font_size=15,
        ),
        template='plotly_white'
    )
```

```
return(fig)
```

10.1.2 메인 화면

아파트, 연립다세대, 오피스텔에 대한 거래 정보를 시각화하여 표현한 메인 화면입니다. 화면 구성에 사용된 요소를 하나씩 설명해 보겠습니다.

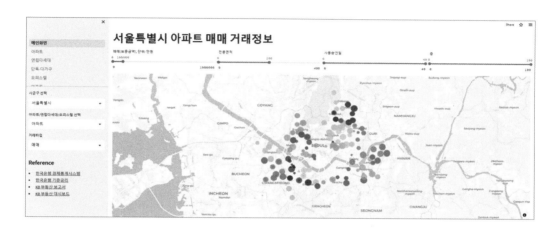

▶ select box

스트림릿에서 제공하는 콤보 박스를 화면 왼쪽에 배치합니다. st.sidebar.selectbox() 함수를 사용하였으며 내용은 다음과 같습니다.

- 시군구 선택

- 아파트/연립다세대/오피스텔 선택

- 거래 타입 선택

▶ slider

스트림릿에서 제공하는 슬라이더로 st.slider() 함수를 사용하였으며 내용은 다음과 같습니다.

- 가격

- 면적

- 사용승인일

- 층

```python
import pandas as pd
import os
import geopandas as gpd
import glob
import plotly.express as px
import plotly.graph_objects as go
# import folium
import json
# import math
import vis_func
import streamlit as st
from datetime import datetime

from st_files_connection import FilesConnection

st.set_page_config(
    page_title="메인",
    page_icon="⊠",
    layout="wide",
    initial_sidebar_state="expanded"
)

conn = st.experimental_connection('s3', type=FilesConnection)
@st.cache_data(ttl=3600)
def read_file_csv(filename):
  df = conn.read(filename, input_format="csv", ttl=600)
  return df
@st.cache_data(ttl=3600)
def read_file_json(filename):
  df = conn.read(filename, input_format="json", ttl=600)
  return df
```

```python
with open('4_streamlit/style.css') as f:
    st.markdown(f'<style>{f.read()}</style>', unsafe_allow_html=True)


sig_list = ['서울특별시', '부산광역시', '대구광역시', '인천광역시', '광주광역시',
'대전광역시', '울산광역시',
        '세종특별자치시', '경기도', '강원도', '충청북도', '충청남도', '전라북도',
'전라남도', '경상북도',
        '경상남도', '제주특별자치도']

type_list = ["아파트", "연립다세대", "오피스텔"]
type_dic = {'아파트':'apt', '연립다세대':'rh','오피스텔':'offi'}

trade_list = ['매매', '전세', '월세']

sig_area = st.sidebar.selectbox(
    "시군구 선택",
    sig_list
)

type_option = st.sidebar.selectbox(
    "아파트/연립다세대/오피스텔 선택",
    type_list
)

trade_option = st.sidebar.selectbox(
 '거래타입',
 trade_list
)


type_cd = type_dic[type_option]

df_trade_202210 = read_file_csv(f'apart-bucket/0_data/streamlit_csv/{type_cd}_
trade_202210.csv')
df_rent_202210 = read_file_csv(f'apart-bucket/0_data/streamlit_csv/{type_cd}_
rent_202210.csv')


df_trade_202210_2 = df_trade_202210[df_trade_202210['시도명'] == sig_area]
df_rent_202210_2 = df_rent_202210[df_rent_202210['시도명'] == sig_area]
```

```python
df_trade_202210_2['사용승인일'] = 2023 - df_trade_202210_2['건축연도']
df_rent_202210_2['사용승인일'] = 2023 - df_rent_202210_2['건축연도']

st.title(f'{sig_area} {type_option} {trade_option} 거래정보')

col1, col2, col3, col4 = st.columns(4)

with col1:
  amount_value = st.slider(
      '매매(보증금액), 단위: 만 원',
      0, 1000000, (0, 100000))

with col2:
  area_value = st.slider(
      '전용면적',
      0, 400, (0, 200))

with col3:
  year_value = st.slider(
      '사용승인일',
      1, 40, (0, 40))

with col4:
  floor_value = st.slider(
      '층',
      1, 100, (0, 100))

if trade_option == '매매':
    map_trade = vis_func.map_trade(df_trade_202210_2,
                                   trade_option,
                                   amount_value[0],
                                   amount_value[1],
                                   area_value[0],
                                   area_value[1],
                                   year_value[0],
                                   year_value[1],
                                   floor_value[0],
                                   floor_value[1])

    st.plotly_chart(map_trade, use_container_width = True)
if trade_option == '전세':
```

```
        map_trade = vis_func.map_trade(df_rent_202210_2,
                                        trade_option,
                                        amount_value[0],
                                        amount_value[1],
                                        area_value[0],
                                        area_value[1],
                                        year_value[0],
                                        year_value[1],
                                        floor_value[0],
                                        floor_value[1])


    st.plotly_chart(map_trade, use_container_width = True)
if trade_option == '월세':
    map_trade = vis_func.map_trade(df_rent_202210_2,
                                    trade_option,
                                    amount_value[0],
                                    amount_value[1],
                                    area_value[0],
                                    area_value[1],
                                    year_value[0],
                                    year_value[1],
                                    floor_value[0],
                                    floor_value[1])


    st.plotly_chart(map_trade, use_container_width = True)



st.sidebar.markdown(
    """
    # Reference
    - [한국은행 경제통계시스템](ecos.bok.or.kr/#/StatisticsByTheme/VisualStat)
    - [한국은행 기준금리](ecos.bok.or.kr/#/SearchStat)
    - [KB 부동산 보고서](kbfg.com/kbresearch/report/reportList.do)
    - [KB 부동산 대시보드](data.kbland.kr)
"""
)
```

10.1.3 아파트 페이지

메인 화면에서는 거래 정보를 보았으니, 이제 주거 형태별 상세 내용을 살펴봅시다. 여기서부터는 주거 형태마다 하나의 페이지를 생성하게 됩니다. 우선, 아파트 페이지에서는 다음과 같이 네 가지 시각화 결과를 확인할 수 있습니다.

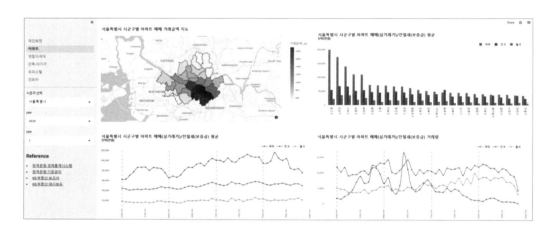

우선, pages라는 폴더를 생성하고 1_아파트.py 파일을 추가합니다. 이곳에서는 다음 네 가지 결과를 확인할 수 있습니다.

- 시군구별 아파트 거래금액 평균에 대한 지도
- 매매/전월세 평균
- 매매/전월세 평균 추이
- 매매/전월세 거래량 추이

```python
import pandas as pd
import os
import geopandas as gpd
import glob
import plotly.express as px
import plotly.graph_objects as go
import folium
import json
import math
```

```python
import vis_func
import streamlit as st
from datetime import datetime
from st_files_connection import FilesConnection

st.set_page_config(
    page_title="아파트 대시보드",
    page_icon=" ",
    layout="wide",
    initial_sidebar_state="expanded"
)

conn = st.experimental_connection('s3', type=FilesConnection)
@st.cache_data(ttl=3600)
def read_file_csv(filename):
  df = conn.read(filename, input_format="csv", ttl=600)
  return df
@st.cache_data(ttl=3600)
def read_file_json(filename):
  df = conn.read(filename, input_format="json", ttl=600)
  return df


with open('4_streamlit/style.css') as f:
    st.markdown(f'<style>{f.read()}</style>', unsafe_allow_html=True)



type_option = 'apt'

sig_list = ['서울특별시', '부산광역시', '대구광역시', '인천광역시', '광주광역시',
'대전광역시', '울산광역시',
        '세종특별자치시', '경기도', '강원도', '충청북도', '충청남도', '전라북도',
'전라남도', '경상북도',
        '경상남도', '제주특별자치도']

option = st.sidebar.selectbox(
    "시군구 선택",
    sig_list
)
```

```
year_list = range(2019,2023)
year_option = st.sidebar.selectbox(
 'year',
 year_list
)

month_list = range(1,13)
month_option = st.sidebar.selectbox(
 'year',
 month_list
)

sig_area = option

trade_count_df = read_file_csv('apart-bucket/0_data/streamlit_csv/trade_count.
csv')
vis_trade_rent_df = read_file_csv('apart-bucket/0_data/streamlit_csv/vis_trade_
rent.csv')
apart_trans4 = read_file_csv('apart-bucket/0_data/streamlit_csv/map_csv.csv')
sig_lat_lon = read_file_csv('apart-bucket/0_data/streamlit_csv/sig_lat_lon.csv')
geo_json_seoul = read_file_json(f'apart-bucket/0_data/geoservice/geo_sig_{sig_
area}_json.geojson')



vis_trade_rent1 = vis_func.vis_trade_rent(vis_trade_rent_df,
                        type_option,
                        sig_area,
                        year_option,
                        month_option)

trade_count1 = vis_func.trade_count(trade_count_df,
                        type_option,
                        sig_area)

trade_mean1 = vis_func.trade_mean(trade_count_df,
                        type_option,
                        sig_area)

trade_mean_map1 = vis_func.trade_mean_map(apart_trans4,
                        geo_json_seoul,
```

```
                              sig_lat_lon,
                              sig_area)



col1, col2, col3,col4 = st.columns(4)
col1.metric(label="Gas price", value=4, delta=-0.5,
    delta_color="inverse")
col2.metric(label="Active developers", value=123, delta=123,
    delta_color="off")
col3.metric("Humidity", "86%", "4%")
col4.metric(label="Active developers", value=123, delta=123,
    delta_color="off")




col1, col2 = st.columns([1,1])
col1.plotly_chart(trade_mean_map1, use_container_width = True)
col2.plotly_chart(vis_trade_rent1, use_container_width = True)



col1, col2 = st.columns([1,1])
col1.plotly_chart(trade_mean1, use_container_width = True)
col2.plotly_chart(trade_count1, use_container_width = True)




st.sidebar.markdown(
    """
    # Reference
    - [한국은행 경제통계시스템](ecos.bok.or.kr/#/StatisticsByTheme/VisualStat)
    - [한국은행 기준금리](ecos.bok.or.kr/#/SearchStat)
    - [KB 부동산 보고서](kbfg.com/kbresearch/report/reportList.do)
    - [KB 부동산 대시보드](data.kbland.kr)
    """
)
```

10.1.4 연립다세대 페이지

연립다세대 페이지는 다음과 같습니다.

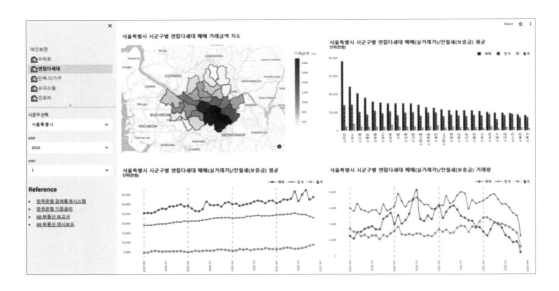

네 가지의 시각화 내용을 확인할 수 있는데, pages라는 폴더에 2_연립다세대.py 파일을 추가해 진행합니다.

- 시군구별 연립다세대 거래금액 평균에 대한 지도
- 매매/전월세 평균
- 매매/전월세 평균 추이
- 매매/전월세 거래량 추이

```python
import pandas as pd
import os
import geopandas as gpd
import glob
import plotly.express as px
import plotly.graph_objects as go
import folium
import json
import math
```

```python
import vis_func
import streamlit as st
from datetime import datetime


from st_files_connection import FilesConnection

st.set_page_config(
    page_title="연립다세대 대시보드",
    page_icon=" ",
    layout="wide",
    initial_sidebar_state="expanded"
)

conn = st.experimental_connection('s3', type=FilesConnection)
@st.cache_data(ttl=3600)
def read_file_csv(filename):
  df = conn.read(filename, input_format="csv", ttl=600)
  return df
@st.cache_data(ttl=3600)
def read_file_json(filename):
  df = conn.read(filename, input_format="json", ttl=600)
  return df




with open('4_streamlit/style.css') as f:
    st.markdown(f'<style>{f.read()}</style>', unsafe_allow_html=True)



type_option = 'rh'

sig_list = ['서울특별시', '부산광역시', '대구광역시', '인천광역시', '광주광역시',
'대전광역시', '울산광역시',
        '세종특별자치시', '경기도', '강원도', '충청북도', '충청남도', '전라북도',
'전라남도', '경상북도',
        '경상남도', '제주특별자치도']

option = st.sidebar.selectbox(
```

```python
    "시군구 선택",
    sig_list
)

year_list = range(2019,2023)
year_option = st.sidebar.selectbox(
 'year',
 year_list
)

month_list = range(1,13)
month_option = st.sidebar.selectbox(
 'year',
 month_list
)

sig_area = option

trade_count_df = read_file_csv('apart-bucket/0_data/streamlit_csv/trade_count.
csv')
vis_trade_rent_df = read_file_csv('apart-bucket/0_data/streamlit_csv/vis_trade_
rent.csv')
apart_trans4 = read_file_csv('apart-bucket/0_data/streamlit_csv/map_csv.csv')
sig_lat_lon = read_file_csv('apart-bucket/0_data/streamlit_csv/sig_lat_lon.csv')
geo_json_seoul = read_file_json(f'apart-bucket/0_data/geoservice/geo_sig_{sig_
area}_json.geojson')




vis_trade_rent1 = vis_func.vis_trade_rent(vis_trade_rent_df,
                        type_option,
                        sig_area,
                        year_option,
                        month_option)

trade_count1 = vis_func.trade_count(trade_count_df,
                        type_option,
                        sig_area)

trade_mean1 = vis_func.trade_mean(trade_count_df,
                        type_option,
```

```
                              sig_area)

trade_mean_map1 = vis_func.trade_mean_map(apart_trans4,
                              geo_json_seoul,
                              sig_lat_lon,
                              sig_area)



col1, col2, col3,col4 = st.columns(4)
col1.metric(label="Gas price", value=4, delta=-0.5,
    delta_color="inverse")
col2.metric(label="Active developers", value=123, delta=123,
    delta_color="off")
col3.metric("Humidity", "86%", "4%")
col4.metric(label="Active developers", value=123, delta=123,
    delta_color="off")



col1, col2 = st.columns([1,1])
col1.plotly_chart(trade_mean_map1, use_container_width = True)
col2.plotly_chart(vis_trade_rent1, use_container_width = True)


col1, col2 = st.columns([1,1])
col1.plotly_chart(trade_mean1, use_container_width = True)
col2.plotly_chart(trade_count1, use_container_width = True)




st.sidebar.markdown(
    """

    # Reference
    - [한국은행 경제통계시스템](ecos.bok.or.kr/#/StatisticsByTheme/VisualStat)
    - [한국은행 기준금리](ecos.bok.or.kr/#/SearchStat)
    - [KB 부동산 보고서](kbfg.com/kbresearch/report/reportList.do)
    - [KB 부동산 대시보드](data.kbland.kr)
"""
)
```

10.1.5 단독/다가구 페이지

단독/다가구 페이지에서는 다음과 같이 네 가지 시각화 내용을 확인할 수 있습니다.

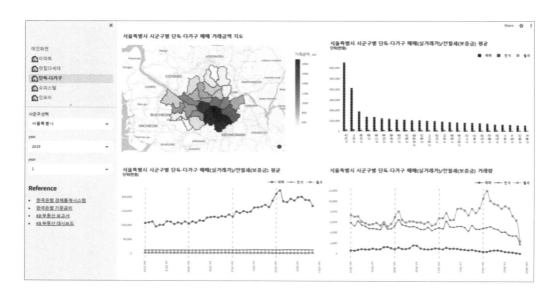

pages라는 폴더에 3_단독다가구.py 파일을 추가해 진행합니다.

- 시군구별 단독/다가구 거래금액 평균에 대한 지도
- 매매/전월세 평균
- 매매/전월세 평균 추이
- 매매/전월세 거래량 추이

```python
import pandas as pd
import os
import geopandas as gpd
import glob
import plotly.express as px
import plotly.graph_objects as go
import folium
import json
import math
import vis_func
```

```python
import streamlit as st
from datetime import datetime


from st_files_connection import FilesConnection

st.set_page_config(
    page_title="단독-다가구 대시보드",
    page_icon=" ",
    layout="wide",
    initial_sidebar_state="expanded"
)

conn = st.experimental_connection('s3', type=FilesConnection)
@st.cache_data(ttl=3600)
def read_file_csv(filename):
  df = conn.read(filename, input_format="csv", ttl=600)
  return df
@st.cache_data(ttl=3600)
def read_file_json(filename):
  df = conn.read(filename, input_format="json", ttl=600)
  return df




with open('4_streamlit/style.css') as f:
    st.markdown(f'<style>{f.read()}</style>', unsafe_allow_html=True)



type_option = 'sh'

sig_list = ['서울특별시', '부산광역시', '대구광역시', '인천광역시', '광주광역시',
'대전광역시', '울산광역시',
        '세종특별자치시', '경기도', '강원도', '충청북도', '충청남도', '전라북도',
'전라남도', '경상북도',
        '경상남도', '제주특별자치도']

option = st.sidebar.selectbox(
```

```
        "시군구 선택",
        sig_list
)

year_list = range(2019,2023)
year_option = st.sidebar.selectbox(
 'year',
 year_list
)

month_list = range(1,13)
month_option = st.sidebar.selectbox(
 'year',
 month_list
)

sig_area = option

trade_count_df = read_file_csv('apart-bucket/0_data/streamlit_csv/trade_count.
csv')
vis_trade_rent_df = read_file_csv('apart-bucket/0_data/streamlit_csv/vis_trade_
rent.csv')
apart_trans4 = read_file_csv('apart-bucket/0_data/streamlit_csv/map_csv.csv')
sig_lat_lon = read_file_csv('apart-bucket/0_data/streamlit_csv/sig_lat_lon.csv')
geo_json_seoul = read_file_json(f'apart-bucket/0_data/geoservice/geo_sig_{sig_
area}_json.geojson')



vis_trade_rent1 = vis_func.vis_trade_rent(vis_trade_rent_df,
                        type_option,
                        sig_area,
                        year_option,
                        month_option)

trade_count1 = vis_func.trade_count(trade_count_df,
                        type_option,
                        sig_area)

trade_mean1 = vis_func.trade_mean(trade_count_df,
                        type_option,
```

```
                        sig_area)

trade_mean_map1 = vis_func.trade_mean_map(apart_trans4,
                        geo_json_seoul,
                        sig_lat_lon,
                        sig_area)



col1, col2, col3,col4 = st.columns(4)
col1.metric(label="Gas price", value=4, delta=-0.5,
    delta_color="inverse")
col2.metric(label="Active developers", value=123, delta=123,
    delta_color="off")
col3.metric("Humidity", "86%", "4%")
col4.metric(label="Active developers", value=123, delta=123,
    delta_color="off")



col1, col2 = st.columns([1,1])
col1.plotly_chart(trade_mean_map1, use_container_width = True)
col2.plotly_chart(vis_trade_rent1, use_container_width = True)



col1, col2 = st.columns([1,1])
col1.plotly_chart(trade_mean1, use_container_width = True)
col2.plotly_chart(trade_count1, use_container_width = True)




st.sidebar.markdown(
    """

    # Reference
    - [한국은행 경제통계시스템](ecos.bok.or.kr/#/StatisticsByTheme/VisualStat)
    - [한국은행 기준금리](ecos.bok.or.kr/#/SearchStat)
    - [KB 부동산 보고서](kbfg.com/kbresearch/report/reportList.do)
    - [KB 부동산 대시보드](data.kbland.kr/)
"""
)
```

10.1.6 오피스텔 페이지

오피스텔 페이지에서는 다음과 같이 네 가지 시각화 내용을 확인할 수 있습니다.

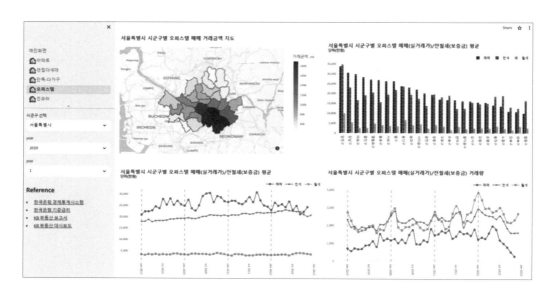

pages라는 폴더에 4_오피스텔.py 파일을 추가해 진행합니다.

- 시군구별 오피스텔 거래금액 평균에 대한 지도
- 매매/전월세 평균
- 매매/전월세 평균 추이
- 매매/전월세 거래량 추이

```python
import pandas as pd
import os
import geopandas as gpd
import glob
import plotly.express as px
import plotly.graph_objects as go
import folium
import json
import math
import vis_func
```

```python
import streamlit as st
from datetime import datetime


from st_files_connection import FilesConnection

st.set_page_config(
    page_title="오피스텔 대시보드",
    page_icon=" ",
    layout="wide",
    initial_sidebar_state="expanded"
)

conn = st.experimental_connection('s3', type=FilesConnection)
@st.cache_data(ttl=3600)
def read_file_csv(filename):
  df = conn.read(filename, input_format="csv", ttl=600)
  return df
@st.cache_data(ttl=3600)
def read_file_json(filename):
  df = conn.read(filename, input_format="json", ttl=600)
  return df




with open('4_streamlit/style.css') as f:
    st.markdown(f'<style>{f.read()}</style>', unsafe_allow_html=True)



type_option = 'offi'

sig_list = ['서울특별시', '부산광역시', '대구광역시', '인천광역시', '광주광역시',
'대전광역시', '울산광역시',
        '세종특별자치시', '경기도', '강원도', '충청북도', '충청남도', '전라북도',
'전라남도', '경상북도',
        '경상남도', '제주특별자치도']

option = st.sidebar.selectbox(
```

```
        "시군구 선택",
        sig_list
)

year_list = range(2019,2023)
year_option = st.sidebar.selectbox(
 'year',
 year_list
)

month_list = range(1,13)
month_option = st.sidebar.selectbox(
 'year',
 month_list
)

sig_area = option

trade_count_df = read_file_csv('apart-bucket/0_data/streamlit_csv/trade_count.
csv')
vis_trade_rent_df = read_file_csv('apart-bucket/0_data/streamlit_csv/vis_trade_
rent.csv')
apart_trans4 = read_file_csv('apart-bucket/0_data/streamlit_csv/map_csv.csv')
sig_lat_lon = read_file_csv('apart-bucket/0_data/streamlit_csv/sig_lat_lon.csv')
geo_json_seoul = read_file_json(f'apart-bucket/0_data/geoservice/geo_sig_{sig_
area}_json.geojson')



vis_trade_rent1 = vis_func.vis_trade_rent(vis_trade_rent_df,
                        type_option,
                        sig_area,
                        year_option,
                        month_option)

trade_count1 = vis_func.trade_count(trade_count_df,
                        type_option,
                        sig_area)

trade_mean1 = vis_func.trade_mean(trade_count_df,
                        type_option,
```

```
                                    sig_area)

trade_mean_map1 = vis_func.trade_mean_map(apart_trans4,
                            geo_json_seoul,
                            sig_lat_lon,
                            sig_area)




col1, col2, col3,col4 = st.columns(4)
col1.metric(label="Gas price", value=4, delta=-0.5,
    delta_color="inverse")
col2.metric(label="Active developers", value=123, delta=123,
    delta_color="off")
col3.metric("Humidity", "86%", "4%")
col4.metric(label="Active developers", value=123, delta=123,
    delta_color="off")




col1, col2 = st.columns([1,1])
col1.plotly_chart(trade_mean_map1, use_container_width = True)
col2.plotly_chart(vis_trade_rent1, use_container_width = True)




col1, col2 = st.columns([1,1])
col1.plotly_chart(trade_mean1, use_container_width = True)
col2.plotly_chart(trade_count1, use_container_width = True)




st.sidebar.markdown(
    """
    # Reference
    - [한국은행 경제통계시스템](ecos.bok.or.kr/#/StatisticsByTheme/VisualStat)
    - [한국은행 기준금리](ecos.bok.or.kr/#/SearchStat)
    - [KB 부동산 보고서](kbfg.com/kbresearch/report/reportList.do)
    - [KB 부동산 대시보드](data.kbland.kr)
"""
)
```

10.1.7 인프라 페이지

인프라 페이지에서는 다음과 같이 네 가지의 시각화 내용을 확인할 수 있습니다.

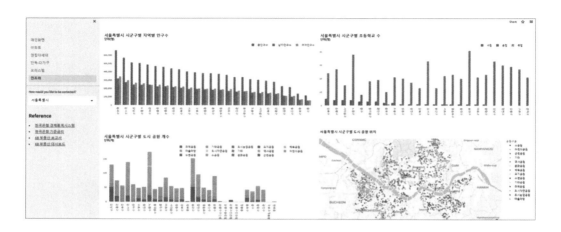

pages라는 폴더에 5_인프라.py 파일을 추가해 진행합니다.

- 시군구별 인구수

- 시군구별 초등학교 수

- 시군구별 도시공원 개수

- 시군구별 도시공원 위치

```python
import pandas as pd
import os
import geopandas as gpd
import glob
import plotly.express as px
import plotly.graph_objects as go
import folium
import json
import math
import vis_func
import streamlit as st
from datetime import datetime
from st_files_connection import FilesConnection
```

```python
st.set_page_config(
    page_title="인프라",
    page_icon=" ",
    layout="wide",
    initial_sidebar_state="expanded"
)


conn = st.experimental_connection('s3', type=FilesConnection)
@st.cache_data(ttl=3600)
def read_file_csv(filename):
  df = conn.read(filename, input_format="csv", ttl=600)
  return df
@st.cache_data(ttl=3600)
def read_file_json(filename):
  df = conn.read(filename, input_format="json", ttl=600)
  return df




with open('4_streamlit/style.css') as f:
    st.markdown(f'<style>{f.read()}</style>', unsafe_allow_html=True)



# s3 download
census = read_file_csv('apart-bucket/0_data/cleaning/census_202210.csv')

public_park = read_file_csv('apart-bucket/0_data/cleaning/public_park.csv')

public_park['시도명'] = public_park['소재지지번주소'].str.split(' ').str[0]
public_park['시군구명'] = public_park['소재지지번주소'].str.split(' ').str[1]

elementary_school = read_file_csv('apart-bucket/0_data/cleaning/elementary_school.
csv')

elementary_school['시도명'] = elementary_school['도로명주소'].str.split(' ').str[0]
elementary_school['시군구명'] = elementary_school['도로명주소'].str.split(' ').str[1]



sig_list = ['서울특별시', '부산광역시', '대구광역시', '인천광역시', '광주광역시',
```

```
'대전광역시', '울산광역시',
        '세종특별자치시', '경기도', '강원도', '충청북도', '충청남도', '전라북도', '전라남도',
'경상북도',
        '경상남도', '제주특별자치도']

option = st.sidebar.selectbox(
    "How would you like to be contacted?",
    sig_list
)


sig_area = option



census_vis = vis_func.cencus_count(census,sig_area)

park_vis = vis_func.park_count(public_park, sig_area)
park_geo_vis = vis_func.park_geo(public_park, sig_area)

school_vis = vis_func.school_count(elementary_school, sig_area)


col1, col2 = st.columns([1,1])
col1.plotly_chart(census_vis, use_container_width = True)
col2.plotly_chart(school_vis, use_container_width = True)


col1, col2 = st.columns([1,1])
col1.plotly_chart(park_vis, use_container_width = True)
col2.plotly_chart(park_geo_vis, use_container_width = True)



st.sidebar.markdown(
    """
    # Reference
    - [한국은행 경제통계시스템](ecos.bok.or.kr/#/StatisticsByTheme/VisualStat)
    - [한국은행 기준금리](ecos.bok.or.kr/#/SearchStat)
    - [KB 부동산 보고서](kbfg.com/kbresearch/report/reportList.do)
    - [KB 부동산 대시보드](data.kbland.kr)
```

```
" " "
)
```

10.2 CSS 스타일

CSS 파일을 하나 추가해 두었습니다. 이는 스트림릿 대시보드를 조금 더 예쁘게 보이도록
만들어 놓은 옵션이라고 생각하면 됩니다. 간단히 복사해서 붙여넣기 하면 됩니다.

```
/*메인 가로 세로 패딩*/
main > div {
    padding-top: 2rem;
    padding-bottom: 1rem;
    padding-left: 1rem;
    padding-right: 1rem;
}
```

10.3 최종 결과

파이썬으로 데이터를 수집해 보고, AWS로 데이터 수집을 자동화하고, 스트림릿으로 결과
대시보드를 제작해 보았습니다. 또한, 자동으로 데이터를 수집할 때는 클라우드를 사용하므
로 추가적인 금액이 필요하지 않습니다. 따라서 EC2를 종료하여도, 배포된 스트림릿은 유지
됩니다. 최종적으로 배포된 주소는 다음과 같습니다.

⊙ 최종 주소
apartment-board.streamlit.app

지금까지 진행한 최종 아키텍처는 다음과 같습니다. 이 책에서 학습한 방식을 그대로 적용하면 어떤 공공 자료가 주어지든 데이터 수집 및 정제 그리고 시각화할 수 있습니다.

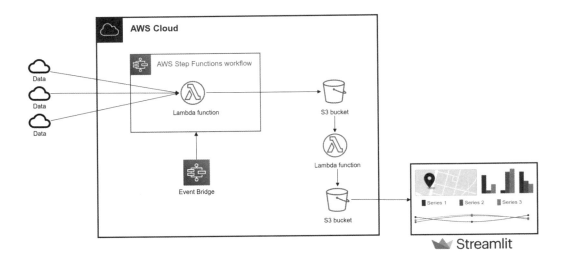

데이터 분석으로 배우는 파이썬 문제 해결

부동산 데이터 분석부터 AWS 아키텍처 구축, 대시보드 제작까지

출간일 | 2023년 10월 30일 | 1판 1쇄

지은이 | 최의용
펴낸이 | 김범준
기획·책임편집 | 김수민, 최규리
교정교열 | 이혜원
편집디자인 | 한지혜
표지디자인 | 이수경

발행처 | (주)비제이퍼블릭
출판신고 | 2009년 05월 01일 제300-2009-38호
주소 | 서울시 중구 청계천로 100 시그니쳐타워 서관 9층 949호
주문·문의 | 02-739-0739　　　　**팩스** | 02-6442-0739
홈페이지 | http://bjpublic.co.kr　　**이메일** | bjpublic@bjpublic.co.kr

가격 | 26,500원
ISBN | 979-11-6592-253-5

한국어판 © 2023 (주)비제이퍼블릭

이 책은 저작권법에 따라 보호받는 저작물이므로 무단 전재와 무단 복제를 금지하며,
내용의 전부 또는 일부를 이용하려면 반드시 저작권자와 (주)비제이퍼블릭의 서면 동의를 받아야 합니다.

 이 책을 저작권자의 허락 없이 **무단 복제 및 전재(복사, 스캔, PDF 파일 공유)하는 행위**는 모두 저작권법 위반입니다. 저작권법 제136조에 따라 **5년** 이하의 징역 또는 **5천만 원** 이하의 벌금을 부과할 수 있습니다. 무단 게재나 불법 스캔본 등을 발견하면 출판사나 한국저작권보호원에 신고해 주십시오(불법 복제 신고 https://copy112.kcopa.or.kr).

잘못된 책은 구입하신 서점에서 교환해드립니다.